DARIO RABOZZI

LA MIA VITA A COLORI

Come Trovare La Propria Strada
Tra Salute E Libertà Finanziaria
Per Vivere Una Vita Appagata e Felice

Titolo

"LA MIA VITA A COLORI"

Autore

Dario Rabozzi

Editore

Bruno Editore

Sitointernet

http://www.brunoeditore.it

Nessun pensatore oserebbe dire che il profumo del biancospino è indifferente alle costellazioni
Autore Francesco Rose, una grande persona che ha condiviso con me una stanza di ospedale durante un ricovero

Sommario

Introduzione

Questo libro autodidatta, si pone un duplice obiettivo: da un lato, vuole offrire degli strumenti e dei consigli su come affrontare un brutto male come un tumore, dall'altro quello di raggiungere una libertà finanziaria; non tanto intesa come ricchezza, quanto libertà di gestire al meglio il proprio tempo senza essere troppo vincolati da orari di lavoro.

Mi scuso con i lettori se la mia scrittura risulterà molto semplice, non nasco infatti come scrittore, ma più come un uomo di business.

Il 2020 è stato indubbiamente un anno infausto, le ondate di Covid-19 hanno colpito duramente il mondo dall'economia alla sanità, dalla scuola alla socialità, e si sono fatte risentire duramente sulle persone, indipendentemente dalle bandiere politiche e dalle scelte personali.

A una situazione di emergenza si è sommata una condizione meteo non assolutamente benevola: nella mia zona del Piemonte non pioveva così forte e non c'era un vento così intenso da cinquant'anni a questa parte. Piante trentennali cadute, ponti che non hanno sorretto alla furia dell'acqua, case spazzate via da fiumi in piena hanno completato lo scenario da incubo della provincia novarese, del Verbano-Cusio-Ossola e non solo.

Delineato il drammatico scenario, cerco comunque di vedere un lato positivo in queste vicende, per non deprimermi e dare una botta di vita alle persone che stanno combattendo in questo contesto. Ho dedicato un libro a me, alla mia personalità. Credo di avere avuto una vita un po' fuori dal comune e spero che possa essere utile alle persone per migliorare il proprio lavoro, essere più soddisfatti dalla vita e dedicare più tempo alle persone care.

Ringrazio tutte le persone che ho incontrato sulla mia strada, dai famigliari agli amici, dalle coinquiline agli ex colleghi di lavoro-università che hanno contribuito in maniera sostanziale alla mia formazione e non provo rancore per nessuno, nonostante in passato con alcuni ci siano state alcune incomprensioni.

Mi auguro, con questo libro autodidatta, di strapparvi un sorriso e di darvi un po' di ottimismo nella vita, per cercare sempre un lato positivo nelle cose e non mollare mai.

Capitolo 1:
Relazioni ed educazione

Dal mio punto di vista, riveste grande importanza il networking e la relazione con le persone, sia da un punto di vista di business, sia come crescita e formazione personale. Io, da questo punto di vista, credo di essere stato fortunato, ho infatti incontrato persone, tra famigliari e amici, che hanno contribuito positivamente a quello che sono ora.Voglio iniziare questo percorso editoriale parlando delle persone a me più vicine: i miei famigliari.

Mamma Caterina, un'arzilla signora del '48, alla faccia di quelli che pensano che dopo i settanta anni la gente non sia più produttivamente utile, originaria di Casaletto Spartano e fin da giovane trasferitasi ad Ameno, come educatrice delle Case di Vacanza del comune di Milano.

Persona molto testarda, difficile smuoverla dalle sue posizioni, anche se oggettivamente opinabili, ma un vero asso nell'educazione dei giovani, anche quelli meno fortunati nella vita.

Come da brava donna del sud, sempre ha una predilezione spiccata verso la cucina, fare una dieta con lei è impossibile, ha sempre paura che non mangi e non disdegna di darti in quantità il buon cibo che ti offre. Oltre alla cucina è molto brava nei lavori manuali.

All'opposto di Caterina ci sta papà Renato, una persona molto pratica manualmente, ha lavorato soprattutto come operaio presso una ditta che fa macchine per i giornali, grande passione per gli animali, soprattutto gatti e per il giardinaggio.

Dico solo che tra i suoi libri preferiti c'è quello relativo a come coltivare l'orto nel rispetto delle lune. Esperto di meteo, funghi, film di Terence Hill e di calcio, papà Renato è tra le persone meno entusiaste del mondo. Quando gli fai un regalo o organizzi qualcosa con lui, sembra quasi che gli fai un favore da quanto entusiasmo manifesta, ma a noi piace così. Come dicevo, ha una grande vocazione per gli animali, in particolare per i gatti.

Arriviamo a mio fratello Marco, sette anni più piccolo di me, classe 1990, su cui potrei, solo su di lui, scrivere un libro. Ricordo che un giorno dissi alla mamma, ormai non più in giovane età: "Mamma, il regalo più bello del mondo è se mi fate un fratello. Lo chiamerei Marco come Marco Van Basten, e come Marco, il fratello del mio amico Donato." Detto fatto! Mio padre e mia madre, a 40 anni, sfornarono un bel bambino, certo, con molte difficoltà.

Ricordo ancora che ero a scuola, i primi di marzo del 1990 e una maestra mi disse che forse, dopo giorni in ospedale in incubazione, Marco aveva bevuto tanto liquido amniotico e stava per morire, mio fratello era fuori pericolo e poteva venire a casa. Ricordo che andai di corsa dalla strada che portava da scuola a casa, presi un libro di favole, presi in braccio quel cucciolo di mio fratello, gli lessi una fiaba e scoppiai a piangere dalla gioia.

.

Marco, fin da piccolo, mostrò le sue doti pratiche e ingegneristiche. Gli piacevano molto i lego, i fili della corrente e creava canaline dell'acqua coi tubi che avevano lasciato gli operai durante la ristrutturazione della nostra casa.

Povero Marco, ha dovuto "subire" da me diversi soprannomi nel corso della sua vita: lo chiamavo da piccolo Dindo (come il tacchino), poi Emanuele Pirro (nome di un rallysta, ma anche di uno secondo noi esperto di elettricità) e soprattutto Lucio, perché portava i capelli come Lucio Battisti.

Ho imparato a scoprire che come Marco esistono poche persone al mondo. Molto buono con tutti, una laurea al politecnico di Milano, laurea all'Università dell'Illinois di Chicago (dove siamo stati con i miei genitori), un genio nel suo settore, ho sempre pensato di averlo prima di tutto come amico e come socio nel lavoro.

Certo, Marco è uno molto generoso e testardo per certi versi, per questo ci sono stati diversi scontri verbali tra noi, ma poi si siano per fortuna risolti per il meglio.

Marco per molti aspetti e molto più prudente di me, abituato bene ad ambienti di lavoro che operano per obiettivi e non per tempi, ad esempio ha lavorato per una grande azienda tecnologica in America.

Io, lui e Michele, abbiamo fondato la nostra attuale azienda, come meglio racconterò nei capitoli a seguire e c'è stato un periodo in cui, per motivi di salute, non ho potuto lavorare.

Il successo della nostra azienda so che è determinato, perché ognuno è un fuoriclasse nel proprio lavoro. Mio fratello nella tecnologia, Michele a livello di prodotto (scrive e ha da sempre una passione viscerale per le auto), io lato commerciale e di prodotto, avendo fatto gli studi in quell'ambito e avendo avuto importanti esperienze di lavoro, diciamo pure che mi sono sporcato le mani prima di fondare la nostra azienda.

Adesso, voglio parlare di una persona che purtroppo non c'è più, ma che è stata una vera icona e un leader per gli abitanti di Ameno: nonno Rocco.

Originario anche lui del sud, si trasferì ad Ameno per lavoro, visse per molti anni nella casa vicino al municipio del paese.
Aveva una grande passione per la fisarmonica, la prendeva in spalla e si metteva magicamente a suonare sui gradini della chiesa centrale. La gente lo ascoltava come mosche sul miele.

Nonno Rocco andava spesso con me e mio padre a prendere l'acqua direttamente da una fonte, amava le pere, la frutta cotta e prese un motorino, facendo con questo diversi danni.

Aveva problemi di prostata, e ogni tre per due chiedeva a mio padre di andare in ospedale a mettere il catetere, poi gli dava fastidio e se lo toglieva da solo. Un pazzo. Nonno Rocco è venuto a mancare diversi anni fa ma è sempre stato un idolo nel paese, lo conferma una conversazione che ho fatto recentemente con il titolare di un'enoteca, disse che doveva assolutamente cercare e farmi vedere una foto di mio nonno.

Grande affetto va inoltre a zio Giovanni, fratello di mia madre che vive a Novara. Ricordo con piacere che all'inizio dell'università a Milano vivevo con lui a Novara, poi prendevo una vecchia bicicletta che aveva portato mio padre e pedalavo fino alla stazione per prendere un treno per Milano. Mi sono divertito molto con lui, una persona certamente in grado di portare il buon umore e farti sorridere.

Dopo aver parlato dei famigliari, ho piacere a fare un breve excursus sulle scuole e sugli amici che ho conosciuto. Riguardo all'educazione, ho frequentato la scuola del paese, ricordo con piacere di una cuoca che cucinava molto bene e delle recite che preparavamo con le maestre in occasione delle varie feste.

Ecco, il teatro mi è sempre piaciuto, ricordo che un anno interpretavo uno dei sette nani, Gongolo, parte di livello. Ho conosciuto diverse persone che sono venute con me alle elementari. Ricordo che il mio migliore amico e compagno di banco si chiamava Donato, Dody per gli amici, era il quarto di cinque fratelli, una femmina e quattro maschi.

Io e Dody eravamo molto amici, poi con il tempo ci siamo persi un po' di vista, lui lavora adesso nella ristorazione mentre io ho preso altre strade. Lo rivedo sempre con piacere nella cena dei "Cuscrit!".
Mi ricordo che in alcuni anni è venuto al mare con me, più nel dettaglio a Rimini e a Jesolo, gran divertimento.

Dopo le elementari ho frequentato le medie a Orta, il mio migliore amico si chiamava Davide. Davide era mio compagno di banco e ci vedevamo spesso anche fuori dalla scuola.Adesso, lavora nel settore dei trasporti e nella promozione di Orta San Giulio, un paese secondo me fantastico che ha pochi eguali al mondo per cibo e cultura.

È nel periodo delle superiori che credo di avere arricchito molto le competenze e di avere sbagliato, facendo delle cose un po' sopra le righe. Ho frequentato il liceo Scientifico di Borgomanero, eravamo in classe in una ventina circa e ricordo che il mio migliore amico e compagno di banco è stato Vito, che ora lavora in Svizzera nella sanità.

Vito era bravissimo in latino, mi dava sempre le versioni da copiare durante le verifiche, poi facevamo sempre la corsa il primo giorno di scuola per prenderci i banchi in fondo. Ricordo che durante le ore di fisica e biologia, facevamo della "barricate" coi libri per non farci vedere e giocavamo a carte a briscola. Poi veniva spesso a dormire a casa mia, giocavamo a basket in camera e condividevamo la passione per il calcio (lui peccato che è interista, io sono juventino).

Avevamo alle superiori un professore un po' particolare di Biologia, erano uno spasso le interrogazioni e le lezioni con lui. Ricordo che ci trovavamo in gruppo a casa di un mio amico per ripassare la matematica in vista della verifica del giorno dopo. A volte, non ci venivano i conti e pensavamo ad una "soluzione" alternativa per non fare la verifica.

Ricordo che una sera ho preso la catena del motorino di mio nonno, l'ho portata ad alcuni amici i quali hanno chiuso con la catena i cancelli di scuola. Tutta la gente fuori al mattino e verifica rimandata (cosa assolutamente da non fare!), con il bidello che provava a tagliare e liberare il cancello con una cesoia.

Ho un bel ricordo delle pizzate e degli aperitivi di classe, con tanta gente in gamba che raccontava la sua storia e le proprie passioni. Per non parlare poi delle gite di scuola, scherzi a non finire.

Sono uscito bene dalle superiori con un 98/100 di votazione, mi è sempre piaciuto studiare, anche se sono stato un po' casinista ci tenevo ad essere tra i primi della classe per tante cose.

Nel corso dell'ultimo anno di Scientifico ho fatto un pretest alla Bocconi, esame di cultura generale per il corso nuovo di Economia per l'Arte, la Cultura e la Comunicazione e sono stato selezionato tra i trecento che potevano accedere al corso, al pretest eravamo in migliaia da tutta Italia (contava per metà il voto finale delle superiori e per metà il voto del pretest in Bocconi).

Durante il periodo in Bocconi ho messo un po' la testa a posto. Sapevo che i miei stavano facendo un grande sacrificio economico per mantenermi lì, per darmi la possibilità di studiare e vivere a Milano. Non dovevo andare fuori corso. Ecco, forse il primo anno ero ancora un po' sopra le righe, giocavamo spesso a pallone al parco Ravizza, con della gente disoccupata del posto, per lo più albanesi e nord africani, e avevamo una bella squadra di calcetto.

Quante risate con gli amici dell'università Nicola, Alessandro, Gianmario, Marco, Aldo, Fabio, Silvia, Camilla, Giorgio, Salvo e tanti altri. Per non parlare poi della convivenza in tre case diverse, sempre con donne: Francesca, Paola, Sabina, Nadia, Elena, Gloria e Maria.

Nel biennio, mi sono iscritto alla specialistica in Marketing Management. Ricordo che la prima settimana ho avuto proprio una crisi esistenziale, pensavo di avere sbagliato corso e vita, non avevo mai preso una scelta così netta, in quel frangente mi è stato molto vicino il mio amico Nicola, per cui gli sarò sempre grato.

Nel corso del biennio è emersa anche la possibilità di studiare un mese presso la UCLA di Los Angeles, occasione presa al volo anche grazie al fatto che avevo una buona media e in parte mi diedero una borsa di studio. Esperienza multiculturale bellissima, era il 2006, anno in cui vinse l'Italia ai mondali di calcio e noi andavamo in gruppo al pub a vedere le partite della nostra nazionale, che emozioni.

Dopo essere stato in comunità nella UCLA, presi un'auto con Nicola e andammo lungo la costa pacifica degli Stati Uniti alla conquista del Messico. Dormivamo in motel prenotati al momento, una notte non trovammo nessun motel disponibile e dormimmo in macchina, in un parcheggio sopraelevato. Il massimo fu quando entrammo in Messico e in particolar modo a Tijuana, una delle città più malfamate del mondo. Mi ricordo che per entrare dovemmo attraversare una dogana con recinti.

Il viaggio negli States li ricordo anche per le bellissime visite al Bryce Canyon, un piccolo parco nazionale situato al sud-ovest degli Stati Uniti nello stato dello Utah, con le rocce che hanno un'intensa colorazione che varia dal rosso, all'arancio e al bianco. Prima di parlare delle mie esperienze lavorative, faccio un breve excursus sui miei hobbies e i viaggi.

Capitolo 2:
Hobbies e viaggi

Una cosa che mi è sempre piaciuta molto è lo sport in generale, sia a praticarlo che a guardarlo. Ho giocato sino alle superiori a calcio, per le squadre di Bolzano Novarese e per il San Maurizio D'Opaglio. Giocavo spesso come attaccante, avevo la maglia numero 9 e mi piaceva fare gol, sono stato sempre abbastanza bravo nonostante non fossimo una squadra da prime posizioni.

Mi piaceva molto stare in gruppo con i miei compagni, soprattutto per le gite in bus che facevamo a Rimini per festeggiare la fine dell'anno. Ricordo che quando giocavo nel San Maurizio c'erano un po' di persone con la testa "calda", una volta dopo una partita con il Borgo Ticino, furono chiamati i carabinieri per portare via la squadra ospite.

Oltre al calcio, ho sempre praticato il calcetto a 5 e per due anni ho fatto l'abbonamento allo stadio per il Novara Calcio, credo che il gol di Rigoni al 44esimo del secondo tempo nei play off contro la Reggina, per la qualificazione in serie A, nel 2011, sia stata una delle emozioni più forti della mia vita.

Sono andato poi delle volte a vedere la Juventus allo Stadium, mentre all'inizio dell'università lavoravo e vedevo il secondo tempo del Milan presso San Siro.

Faccio da sempre il fantacalcio con gli amici, ormai è diventato quasi un lavoro. Nel 2020-2021 sono in società con il mio caro amico Stefano, però abbiamo una squadra che non mi convince, di solito siamo abituati bene alle prime posizioni.

Rimanendo in tema sport ho praticato il tennis, lo squash, il ping pong, la barca a vela, la fit boxe e la piscina. Altra passione è sempre stata per la musica. Sono un grande fan di Battiato, sono stato spesso ai suoi concerti, dei Baustelle e di Ligabue. Mi piacciono anche altri generi musicali, tipo la musica dance, il rock, il pop e i grandi classici italiani.

Recentemente mia madre, durante una cena, ha pensato bene di mettere "a palla" sul proprio smartphone la canzone "Un giorno mi dirai" degli Stadio, vincitrice del Festival di Sanremo 2016.Una canzone bellissima che parla del rapporto tra padre e figlia, conoscendo la mia situazione forse era meglio evitare.

Riguardo i film mi piacciono quelli di azione, i film comici (vado pazzo per Zalone) i grandi classici tipo "Il petroliere", "Donnie Darko", "Qualcosa è cambiato", i film di Di Caprio e dei fratelli Cohen.

Mi piace molto l'arte, andare per musei e la mia città dei sogni dove vivere è forse Barcellona, per la varietà di cultura, il divertimento, la dinamicità e non da ultimo, la vicinanza al mare.

Sono sempre stato un appassionato di cucina, mangiare bene e provare il cibo di diverse culture. Diciamo che la mia situazione preferita è un bell'agriturismo con un tagliere di salumi e formaggi ed un bicchiere di buon vino rosso. Non disdegno neanche un bell'aperitivo con gli amici.

Ho fatto tanto shopping, la mia ex compagna mi ha portato valigie piene di roba che avevo lasciato nella precedente casa dove soggiornavo.

Adoro il contatto con la natura, gli animali e in particolare mi piace andare per funghi.

Un discorso a parte meritano i viaggi, forse la mia più grande passione perché sono un mix di culture diverse, lingue e cibo.
Ho iniziato a viaggiare all'estero da piccolo, facevo delle vacanze studio in Irlanda a Mullingar, Galway e una volta in Inghilterra a Chester. Stavo sempre in qualche casa di locali con amici per imparare meglio l'inglese.

Ricordo particolarmente un episodio di Mullingar, un paio di ragazze, in un centro commerciale, ci fischiarono dietro in segno di apprezzamento. In Irlanda in genere le giovani ragazze sono molto più "sportive" delle italiane.

Ho viaggiato in Europa a Parigi, Francoforte, Grecia, Amsterdam. Ginevra, Colmar, Isole Pag in Croazia, Barcellona, Salou, Lloret De Mar, San Sebastien, Valencia, Costa Azzurra, Mykonos,

Edimburgo e Varsavia.

In Italia, sono stato spesso a Rimini, Jesolo, Lido di Fermo, Sestri Levante, Bormio, Coste sud-est della Sardegna, Sant'Antioco, Lecce, Gallipoli a la splendida e unica Matera. A queste si aggiungono diverse settimane bianche in Trentino e al Sestriere.

Nei grandi viaggi all'estero sono andato, come detto, a Los Angeles a studiare, con i miei amici a Cuba, alle Bahamas, a Miami Beach e con la mia ex compagna a New York, in Giappone e in Thailandia, insomma non mi sono fatto mancare di andare in giro.

Cracovia
Era novembre 2010, io, mio fratello e tre miei amici, Jack, Francesco e Michele (detto l'Archeologo per i sui studi), andammo a fare un weekend lungo a Cracovia.

Ricordo che stavamo in una casa vicino alla piazza centrale della città e andammo un giorno anche alle celebri miniere di sale presso Wieliczka, area metropolitana di Cracovia, in Polonia.

La miniera raggiunge una profondità di 327 metri e presenta gallerie e cunicoli per un'estensione totale di 287 km. La miniera di sale di Wieliczka ha 3,5 km disponibili per le visite turistiche che includono statue di figure storiche e religiose, tutte scolpite dai minatori direttamente nel sale. Anche i cristalli dei candelieri sono stati forgiati nel sale.

La miniera presenta anche stanze decorate, cappelle e laghi sotterranei, e mostra la storia della miniera. Quella di Wieliczka è comunemente detta "la cattedrale di sale sotterranea della Polonia", ed è visitata ogni anno da circa 800.000 persone.

Nel 1978, la miniera di sale di Wieliczka è stata iscritta nella lista dell'UNESCO dei Patrimoni dell'umanità, mentre nel 2013 il sito è stato allargato alla Miniera di sale di Bochnia (fonte: Wikipedia).

La vita era abbastanza economica in Polonia, i ragazzi e le ragazze aperte, era molto facile fare "amicizia" con l'altro sesso. Ricordo di un flirt dell'Archeologo con una donna sposata, la portò ha dormire in casa con noi.

Una sera, mi stavo annoiando presso una discoteca e il mio amico Jack disse: "Ci penso io!" Chiamò un taxi che ci portò in una zona malfamata di Cracovia. "Dove andiamo?" Chiesi io, lui mi rispose che era una sorpresa.

Io e Jack finimmo in una casa sgangherata con ragazze bruttissime e poco vestite. Gli dissi che non era il caso, scesi le scale e tornai dal taxista che aspettava in strada, mi feci accompagnare a casa. Andammo in Polonia, nei pressi di Varsavia, anche per il matrimonio del mio amico Bobo, lo ricordo tra i matrimoni più belli e divertenti a cui sia mai stato.

Mykonos

Era durante il ponte del primo giugno del 2011, io, mio fratello, Jack e il mio amico Michele (non l'Archeologo, ma il nostro socio), decidemmo di trascorrere un periodo all'insegna del divertimento e delle discoteche a Mykonos. Affittammo un'auto sgangherata per muoverci meglio da un punto all'altro dell'isola, posto con un mare e uno scenario veramente incredibili, oltre che ad essere un posto rinomato per le discoteche.

Soggiornavamo in una bella casetta e ricordo che andavamo a

ballare anche delle volte nel pomeriggio, organizzavano feste in spiaggia.

Un giorno noleggiammo dei quad e conoscemmo due ragazze provenienti dagli USA che sentiamo ancora adesso, Anny e Stephany. Se dobbiamo fare qualche gita negli States, Anny ci ha sempre dato un grande aiuto.

Ricordo di una sera che eravamo particolarmente brilli di alcol e molesti, andavamo in casa e sui terrazzi per conoscere nuove ragazze straniere, poi andammo a divertirci molto in una discoteca chiamata "Scandinavan Pub", un nome una garanzia.

Ricordo che il giorno che dovemmo tornare in Italia, Michele era così brillo dalla sera prima che fece fatica ad imbarcare il bagaglio nell'aereo.

Cuba, Bahamas e Miami Beach
Arriviamo a parlare di quello comunemente chiamato come "il viaggio della vita". Un trittico di 3 settimane tra Cuba, le Bahamas e Miami Beach con la compagnia di mio fratello, Jack,

Francesco e il suo amico Tommaso.

Era l'estate del 2012, ricordo che eravamo in dubbio se andare perché c'era stata un'ondata di Colera, soprattutto nelle zone di Cuba. Ci informammo molto, tutti dicevano: "Evitate i cocktail col ghiaccio perché molto pericolosi, acqua non potabile".

La prima sera, ad Avana, trovammo un tipo losco che ci portò in un bar, prese delle sedie, ci mandò al tavolo una prostituta e ci portò dei Cuba Libre pieni di ghiaccio, perfetto, bel battesimo.

Ci fermammo qualche giorno all'Avana e affittammo un'auto cinese sgangherata per girare, una Geely blu. Ricordo che ci fermavano per strada finti militari che cercavano di scroccarci un passaggio e dei soldi.

Arrivammo, non senza fatica, a Pinar del Rio. La provincia di Pinar del Río conta 730.626 abitanti su una superficie di 10.904,03 km² e il suo capoluogo è la città di Pinar del Río. In essa si trova la valle di Viñales, una cittadina famosa soprattutto per la paesaggistica che la circonda.

L'elemento più caratteristico sono i "Mogotes", collinette che emergono dalla pianura circostante. Nel suo territorio è presente una grossa pittura rupestre moderna che richiama la preistoria (il Mural de la Prehistoria) e nelle adiacenze vi sono alcune case rurali gestite con criteri antichi senza luce elettrica e altre modernità.

Vi sono numerose grotte sotterranee: una di queste, la Cueva del Indio, è attraversata sotterraneamente da un fiume, ed è percorribile in barca tramite visita guidata. Il turismo, che caratterizza l'economia di questa zona, sollevandola anche dai gravi problemi tangibili in altre parti di Cuba, contribuisce a rendere gli abitanti di Viñales in larghissima parte favorevoli a Fidel Castro e alla sua politica (Fonte: Wikipedia).

Dormimmo in una Casa Particulares di una signora del posto, che aveva trovato il nostro amico Jack. La casa cadeva a pezzi, c'erano i fili elettrici del bagno in piena vista e un recinto di maiali vivi nel giardino della casa.

Ricordo che la signora di casa era molto gentile, ci faceva spesso un mojito con la menta del suo orto e a volte ci invitò a mangiare la sua aragosta, un piatto tipico e poco costoso della zona.

Ci venivano a bussare a casa degli sconosciuti, avevano visto dalla targa della macchina che eravamo stranieri e facevano di tutto per spillarci dei soldi. Ricordo che facemmo delle gite a vedere i murales di Vinales e poi andammo presso una prestigiosa azienda del posto specializzata nella produzione di sigari cubani. Proseguimmo il nostro viaggio verso la città di Trinidad.

Un giorno noleggiammo un cavallo e una guida per andare a vedere le bellissime cascate del posto. Trinidad è una città cubana di circa 75.000 abitanti della provincia centrale di Sancti Spíritus. Insieme alla vicina Valle de los Ingenios è un sito indicato come Patrimonio dell'umanità dall'UNESCO fin dal 1988 (Fonte: Wikipedia).

Quel giorno incontrammo presso le cascate anche una persona che conoscevo di Roma, come è piccolo il mondo. Dopo Trinidad era il momento di fare un po' di "bella vita" nella più turistica Varadero.

Varadero (che significa "luogo ove si varano barche") è una popolarissima località turistica situata sulla costa nord della provincia di Matanzas a Cuba, ed è una delle più ampie spiagge dei Caraibi. Dagli operatori turistici viene anche chiamata Playa Azul, "spiaggia azzurra".

Di Varadero i cubani dicono "no es Cuba, son los Estados Unidos!" ("non è Cuba, sono gli Stati Uniti!") per il carattere mega-turistico della località (Fonte: Wikipedia).

Ricordo che avevamo una bella stanza, giravano comunque i polli liberamente sulle strade (per rendere l'idea dei posti) e accompagnai il mio amico Jack presso una clinica della zona. Era convinto di avere preso il Colera.

La clinica più sporca che abbia mai visto in vita mia, rimasi impressionato. Jack fece diversi esami ma fortunatamente era solo una gastrite e non Colera. Frequentammo delle ragazze che conoscemmo a Varadero. La tipa di Jack ricordo che aveva anche un figlio piccolo, la mia era più giovane, ci fecero molto da cicerone nelle gite e in discoteca, però erano poverissime. Un giorno andammo a prenderle presso la loro casa, non avevano neanche l'acqua corrente in casa.

Ci recammo nuovamente all'Avana a conclusione del viaggio a Cuba e una sera organizzammo con gente locale per assistere al famoso carnevale del posto. Mio fratello e Tommaso ebbero forte male di pancia dopo la cena, per cui tornarono a casa. Io e il mio amico Francesco andammo invece in una discoteca con gente locale.

Ci fecero entrare in disco per primi, quasi fossimo due star. Ricordo che due cubane ci puntarono, ma Francesco mi disse durante le danze: "Ho male di pancia, vado un attimo in bagno!". Trovò un bagno senza chiusura delle porte, con un bodyguard fuori e senza carta igienica. Mi disse che si pulì un po' alla buona e dopo tornò a ballare con noi. Una tipa gli prese una mano e gliela iniziò a baciare, che schifo. Questa penso sia stata per eccellenza la storia della vacanza.

Il giorno seguente la mia ragazza mi propose di andare a casa sua. Ero un po' impaurito, perché non era visto bene andare in case di femmine, presi comunque un taxi e mi feci accompagnare fuori da Avana.

Lei mi presentò sua zia, una simpatica signora e poi andammo via in un'altra stanza. La seconda grande tappa del viaggio erano le Bahamas, più di preciso la capitale Nassau. Soggiornammo in un residence da "papponi", ricordo che aveva dentro un super casinò e noi giocammo un po' con le macchinette.

Andammo poi in una delle spiagge più belle del mondo, Paradise Beach, e noleggiammo anche delle moto d'acqua. Nelle Bahamas ricordo che mangiammo veramente male e pesante, mentre a Cuba sono più attenti ai cibi salutari e alla dieta.

L'ultima tappa del nostro viaggio fu Miami Beach. Noi fortunatamente abbiamo un aggancio che vive là, Anny, la quale ci mostrò i migliori posti dove andare.

Amsterdam
A marzo 2013 andai qualche giorno ad Amsterdam con la mia ex compagna.

Ricordo di quella vacanza, che scoprii con lei per la prima volta la catena alimentare Wagamama, cibo asiatico ispirato ai sapori giapponesi, mi ricordo un casino di bici parcheggiate e in giro, dei sexy shop e di una canna presa in un bar e fumata in un parco al centro di Amstredam.

Thailandia

Era luglio-agosto 2013 quando io e la mia ex compagna, Silvia, decidemmo per un viaggio decisamente fuori dalle righe, Thailandia.

L'aereo da Milano ci portò alla prima tappa a Bangkok, avevamo un bellissimo hotel vicino al Chao Praya, uno dei principali fiumi della Thailandia. Il primo giorno Silvia non stette bene, forse per il lungo viaggio, mi ricordo che andai di sera all'avventura di un supermercato per mettere qualcosa sotto i denti.

Per muoverci da un posto all'altro utilizzavamo spesso un tuk-tuk, ovvero un "risciò" tipico di quei paesi, molto diffuso nel trasporto a breve raggio (nei trasporti più lunghi tanti usano un pick-up). Andammo con piacere a cenare tahi e mojito su un rooftop bar, ovvero su un ristorante-grattacielo con un ex collega italiano di Silvia, un'esperienza unica mentre il giorno successivo andammo in un mercato locale, ricordo ancora la fortissima puzza di pesce.

Una delle migliori esperienze che si possono fare in Thailandia, è mangiare per strada un Pad-Thai. Il Pad thai è un tipico street food thailandese a base di noodles di riso saltati al momento nel wok con code di gamberi, carne o tofu, oltre che verdure, arachidi, spezie e saporiti condimenti come succo di tamarindo o salsa di pesce (Fonte: Giallozafferano).

Andammo poi a vedere in bicicletta i bellissimi templi di Chiang Mai e un giorno visitammo lo zoo locale. C'erano animali di tutti i tipi, dal panda all'orso, all' ippopotamo, da non perdere se si è amanti degli animali.

Un giorno, andammo a mangiare in un locale all'aperto, lo scelsi io con i tavoli sul fiume, volevo fare il romantico. Peccato che mangiammo malissimo e vedemmo tipo delle lumache rosa attaccate al molo, un vero schifo. La sera e il giorno dopo soffrimmo tutti e due di febbre e mal di pancia. Prendevamo spesso cibo di asporto dalle bancarelle, soprattutto a pranzo. Ricordo cha avevo una predilezione per le pannocchie.

La seconda grossa tappa era in un bell'hotel vicino al mare della turistica Koh Samui. Per andare in centro ci muovevamo soprattutto in pick up, già il viaggio era esso stesso un'avventura. Come dicevo Koh Samui è molto turistica, e non è difficile sentire parlare in italiano.

L'ultima tappa in Thailandia la facemmo nell'isola di Koh Tao, più tranquilla e meno incasinata di Koh Samui, avevamo un appartamento in mezzo alla giungla, molto avventuroso e divertente, ci faceva spesso compagnia la sera un geco.

Avevo noleggiato un motorino, un cinquantino scassato dove andavamo in due come pazzi. Un giorno ricordo che andai con Silvia in una delle spiagge più selvagge di Koh Tao. Vedemmo un varano lungo la strada e dovemmo affrontare un bel pezzo di sterrato.

Ricordo che, al ritorno, non riuscivamo a salire col motorino dalla strada sterrata, feci scendere Silvia e iniziai ad andare da solo. Tuttavia mi si ruppero le ciabatte (mai guidare senza scarpe) e andai giù per la riva insieme al motorino, un disagio vero, c'era una cauzione per i danni.

Grecia

Era l'estate 2014 quando decidemmo con la mia ex di andare in Grecia, e più precisamente noleggiare un'auto e visitare la penisola Calcidica. Calcidica, è una penisola che si trova nel sud-est della regione balcanica. La penisola, che ha una superficie di circa 4.400 km², si protende nel Mar Egeo settentrionale, in direzione sud-est, fra il golfo di Salonicco a ovest ed il golfo di Orfani a est (Fonte: Wikipedia).

Rinomata per le tre bellissime penisole di Cassandra, Sitonia e Monte Athos. Per il primo periodo di vacanza, ricordo che soggiornammo a Porto Koufo, a Sitonia, il più grande porto della Grecia.

Andavamo spesso alla spiaggia di Toroni a fare snorkeling, rinomata anche per avere tanti ristorantini lungo la costa. Un giorno facemmo una gita presso le famose Meteore di Kalabaka un importante centro al nord della Grecia, nonché una rinomata meta turistica, dichiarata patrimonio dell'umanità dall'Unesco.

Meteora (che significa "sospeso in aria") si caratterizza per la presenza di numerose torri naturali di roccia. Su diverse di queste torri vi sono insediati dei monasteri (a loro volta detti "meteore"), caratteristici per l'ardita costruzione in cima a pareti a picco. Oggi sono funzionanti e visitabili sei monasteri (Agios Stefanos, Agia Triada, Gran Meteora, Varlaam, Roussanou e Agios Nikolaos), oltre un settimo disabitato; altri sono andati distrutti e in parte se ne conservano le rovine.

Fino al secolo scorso, i monasteri erano raggiungibili solo con scale a pioli o con sistemi a carrucola, ora ci sono scale in muratura o scavate nella roccia la cui salita è impegnativa, ma non molto faticosa, richiedendo di solito circa dieci minuti. La visita consente ai turisti di vedere alcuni luoghi dei monasteri come la chiesa e, nei più grandi, il museo.

Il panorama è sempre molto suggestivo. L'ingresso ai monasteri è a pagamento solo per cittadini non greci e per le donne sono a disposizione dei teli da indossare a mo' di gonna per coprire le gambe scoperte o i pantaloni.

La morfologia del luogo e in particolare le torri hanno avuto origine con l'erosione dell'arenaria. Molto probabilmente l'erosione è iniziata a opera del delta di un fiume che 25 milioni di anni fa sfociava nel mare che copriva l'attuale pianura della Tessaglia. Poi i rilievi sono stati modellati dall'acqua e dal vento, giungendo alla formazione di quattro gruppi di torri alte fino a 400 metri. Per la particolare conformazione rocciosa Meteora è oggi meta di scalatori provenienti da tutto il mondo (Fonte: Wikipedia).

Soggiornammo poi diversi giorni ad Afytos, noto anche come Athitos, è una cittadina collinare caratterizzata da case in pietra e strade lastricate, affacciata sul Golfo di Toroneos e sulle famose spiagge in fondo alla scogliera. La piazza principale è dominata dalla chiesa di Agios Dimitrios, risalente al XIX secolo, mentre lungo la costa e le scogliere si trovano ristoranti macedoni e bar vista mare.

All'interno del Museo del Folklore sono conservate ceramiche, tessuti e opere d'arte, mentre in estate si svolge il Festival di Afitos durante il quale è possibile ammirare street art e ascoltare musica dal vivo (Fonte: Google).

Milano

Faccio un breve excursus su Milano, città in cui abitavo. Nel marzo 2015 ricordo che portai la mia ex al ristorante di Carlo Cracco e le diedi in quell'occasione l'anello di fidanzamento. Ricordo che spesi tantissimo quella sera tra cena ed anello però rimarrà per sempre un evento indimenticabile.

Sardegna

Era l'estate del 2015 quando andammo io, Silvia, mio fratello e la sua compagna in Sardegna, prima tappa in Costa Rei dove soggiornavamo nella casa Pitzus, diventata anche un famoso gruppo di Whatsapp.

In Sardegna ci sono tra le spiagge più belle del mondo (e io ho viaggiato molto), si mangia bene ed è un posto dove sicuramente ci vivrei, soprattutto in estate.

Una vacanza dedicata al mare, agli agriturismi interni e sulla costa, con una macchina a noleggio anche qui per viaggiare. Ci spostammo verso la costa sud, poi verso la costa verde dove ricordo con piacere forse la spiaggia e il mare più bello che abbia mai visto, Cala Domestica. Nella costa sud-ovest della Sardegna, ai confini del Sulcis, c'è la splendida baia di Cala Domestica incorniciata da alte falesie e dominata da una torre spagnola, dove storia mineraria e natura selvaggia si fondono in un unico scenario (Fonte: Regione Sardegna).

Giappone

Vacanze di inverno 2015, la meta scelta per la nuova avventura era nientepopodimeno che il Giappone, con un volo diretto lunghissimo da Milano di circa 12 ore. La prima tappa era la capitale, Tokyo, una vera metropoli da oltre 13 milioni di abitanti. Ricordo che ci muovevamo spesso in metrò, efficientissima, una città tutta da vivere con tanti ristornati, negozi di giochi e mega palazzi illuminati.

In Giappone sono celebri per il mangiare sano, soprattutto sushi, però sono molto bravi anche nella carne, come ne parlerò meglio dopo. Da non perdere, a Tokyo, una visita ai diversi quartieri, ciascuno caratteristico e con delle peculiarità. In primis Ginza e il suo Palazzo Imperiale, il più famoso quartiere commerciale di tutto il Giappone.

Ricordo poi Akihabara piuttosto che un quartiere è un immenso supermercato dell'elettronica. Qui è possibile acquistare dal piccolo e originale gadget all'oggetto estremamente sofisticato. Come in tutti i mercati, la vendita è di norma preceduta da intense trattative. Akihabara è inoltre una sorta di museo della tecnologia: è possibile infatti trovare ancora funzionanti i primi PC, così come i robot meccanici degli anni Ottanta. (Fonte: Sognando il Giappone).

Andammo poi nel quartiere di Shibuya, senza dubbio una delle zone più dinamiche e conosciute della città. Il quartiere è illuminato da megaschermi, presenti su tutti i palazzi della zona, e vi si trova una grande varietà di negozi (soprattutto d'abbigliamento e musica) e ristoranti e love hotel.

I giovani di Shibuya si esprimono attraverso l'arte del cosplay e la moda ganguro, rendendo così il quartiere ancor più colorato e particolarmente caratteristico. Una citazione anche per il quartiere Ikebukuro, quartiere popolare e famoso soprattutto per "la via delle fanciulle" (Otodome Rodo), indicando con questa espressione la presenza delle otaku donne che frequentano i vari negozi di anime e manga in questa zona. Sunshine City è tappa obbligatoria per chi vuole visitare questo interessante distretto (Fonte: Sognando il Giappone).

Passammo il capodanno a Tokyo, ricordo una grande torre illuminata ed un imponente falò per celebrare il nuovo anno. Le tappe successive a Tokyo furono Osaka (città molto turistica), Kyoto con i sui splendidi musei, la città assolutamente da non perdere che rappresenta la vera essenza del Giappone e Takayama, una cittadina centrale in montagna, molto caratteristica.

Un giorno andammo al parco di Nara, famosa per i cervi in libertà.
Secondo il costume locale, il cervo di quest'area era considerato sacro e opportuno perché uno dei quattro dei del santuario

Kasuga, Takenomikazuchi-no-mikoto, era detto di essere stato invitato da Kashima (Ibaraki), e apparso sul Monte Mikasa-yama cavalcando un cervo bianco. Perciò il cervo era considerato divino e sacro dal santuario Kasuga e dal Kōfuku-ji.

L'uccisione di uno di questi sacri cervi era un delitto capitale, punibile con la morte fino al 1637, ultima data in cui questa legge fu in vigore. Dopo la seconda guerra mondiale, il cervo fu ufficialmente spogliato dal suo stato sacro/divino e fu invece nominato come "tesoro nazionale" e protetto come tale (Fonte: Wikipedia).

Di Osaka, come dicevo, non ho un gran ricordo, molto turistica e commerciale, ricordo invece molto bene Kyoto e il Fushimi Inari. Il Fushimi Inari e la zona circostante sono importanti non solo per il santuario omonimo, ma anche per il tunnel che porta dal tempio alla foresta circostante: un tunnel realizzato con migliaia di tori(porte) di colore rosso (Fonte: Sognando il Giappone).

A Takayama soggiornammo invece in un bellissimo posto vicino ad un fiume, ricordo che aveva anche una SPA incorporata, noi non ci tirammo di certo indietro nel farla.

Andammo anche in un ristorante a mangiare la buonissima e costosa carne locale.Tornammo poi a Tokyo e andammo sulla Tokyo Sky Tree, che impressione. Una torre per telecomunicazioni e panoramica che sorge a Sumida, quartiere speciale di Tokyo, in Giappone. Completata nel 2012 già dal 2010 è la torre più alta del Giappone e, con i suoi 634 metri di altezza, è la torre più alta al mondo e la seconda struttura artificiale più alta al mondo dopo il grattacielo Burj Khalifa di Dubai (Fonte: Wikipedia).

Puglia

Estate 2016 è stata la volta della Puglia, credo di non avere mai mangiato così bene durante le vacanze. Terra e pesce a buon prezzo, sagre di Paese rendono la Puglia sicuramente tra i miei posti preferiti dove soggiornare.

Tra i ristoranti top ricordo "Il trabucco", che dava direttamente sul mare e una vista meravigliosa da Polignano a Mare. Ricordo che una sera andammo con la compagnia di allora a mangiare carne in un posto caratteristico. Era una macelleria, in cui tu potevi scegliere al bancone la parte di carne preferita, te la cucinavano al momento e la potevi gustare in un terrazzo fuori.

Tutto molto bello, peccato solo che ci venne a tutti un forte mal di pancia dopo la cena, la carne "forse" non era freschissima. Ricordo con piacere e gusto la Sagra di Maglie, la città di Lecce, dove per la prima volta assaggiai un tipico pasticciotto e la città di Alberobello dove dormimmo in un trullo.

Facemmo una visita anche a Matera, con una locale come cicerone. Credo che sia la città più bella del mondo, assolutamente consigliata.

New York

Chiudiamo la rassegna dei viaggi da "Mille e una notte" con New York, il ponte di dicembre 2016. Se New York è una delle città più ambite del mondo, soprattutto durante le vacanze di Natale, un motivo c'è. Central Park si trasforma in un grande parco di pattinaggio dove la gente può noleggiare dell'attrezzatura e vivere l'atmosfera locale.

Non mancano sicuramente le occasioni per fare shopping e ricordo con piacere una cena suggerita da un amico in un ristorante interno alla stazione dei treni. Da non perdere poi il ponte di Brooklyn e una visita in barca alla Statua Della Libertà. Tornammo poi a casa e stemmo tranquilli, anche perché Silvia era in attesa della nostra bambina, Amelia.

Capitolo 3:
Lavoro e disoccupazione

Dopo aver parlato dell'educazione e dei viaggi, arriviamo ora al lavoro. Iniziai a lavorare durante l'università, nei weekend come "addetto rampe" nello stadio San Siro.

Venivo messo su una rampa dello stadio e dovevo evitare che la gente passasse da lì, al fine che rispettasse il proprio numero definito dal biglietto. Facile a dirsi, quando ti vedevi contro una mandria di Ultrà che volevano passare da quella rampa, era meglio che ti scansassi o temporeggiassi per aspettare l'aiuto di un bodyguard che veniva apposta pagato per fare rispettare le regole durante l'evento.

Ho visto veramente tanti pugni partire, un mio collega anziano fu addirittura un giorno minacciato con un coltello, c'era poco da scherzare con quella gente.

La cosa bella e che la società per cui lavoravo ti pagava un po' e ti dava la possibilità di vedere gratis il secondo tempo della partita, quando ormai non c'era più nessuno che voleva salire sulla rampa e le persone avevano preso il loro posto.

Lavorai per alcuni anni lì, però ero consapevole che era troppo pericoloso, poi i capi sembravano mettermi apposta a "coprire" una rampa rossa, tra le più ambite dagli Ultrà che possedevano un abbonamento più economico Blu.

L'arte oratoria, che non mi è mai mancata, non era sufficiente con quella gente, dovevo inventarmi qualcosa per il quieto vivere. Decisi allora di creare e stampare alcuni cartelli che dicevano: "Rampe sottoposte a videocamere di vigilanza. I trasgressori verranno identificati e puniti."

Appiccicai alcuni cartelli, falsi, sulla mia rampa e si dimostrarono un ottimo deterrente per non fare passare nessuno, anzi, sembravo amico degli Ultrà, dicevo loro "Sei sicuro che vuoi passare!? Leggi che hanno messo un sistema di riconoscimento con telecamere, non vorrei che andassi nei casini". Risposta abituale: "Grazie, sei un amico, non avevo visto che sti stronzi avessero messo delle telecamere".

Mi mancava un anno per finire la specializzazione in marketing e trovai uno stage come Junior Product Manager, per un grande Editore italiano. Feci tre colloqui per entrare e mi colpì soprattutto il secondo con il mio capo diretto, Maurizio, il quale guardò il mio curriculum e mi chiese: "Ma scrivi musica con il computer?"

Tra gli interessi extra-professionali che avevo scritto, in quel periodo mi piaceva produrre canzoni al pc con mio fratello. Non era tanto puntiglioso sulle lingue o sul mio percorso, credo che la domanda facesse lui capire di trovarsi di fronte ad una persona creativa.

Mi presero a lavorare lì, lavoravo per i giornali periodici maschili di auto, viaggi ed informatica. Ebbi il modo di confrontami con gente fantastica, sia i manager come il mio capo, Maurizio, sia il mio capo diretto, Francesco Paolo, sia i capiredattori dei vari giornali.

Ricordo in particolare i rapporti, i progetti e i confronti benevoli con Alessandro (Direttore delle riviste auto), Giorgio (Direttore della rivista di informatica), Giancarlo (capo vulcanico un po' di tutti e grande appassionato di viaggi) Giorgio (Ex Direttore Responsabile su un importante settimanale di attualità). Rapporti di amicizia poi con i colleghi Francesco, Massimiliano e Matteo, con il giornalista Andrea, mentre ho nutrito sempre una grande stima verso i dirigenti Carlo e successivamente Ernesto, Carlo, Andrea e Roberto, non è facile "guidare" una grande società editoriale.

Non nascondo che fu molto dura in quel tempo, lavoravo molto e nello stesso tempo studiavo di notte per finire gli esami. Ero molto stanco, e inevitabilmente la mia media calò, ma la cosa importante è che non andassi fuori corso per non pagare di più.

Dopo un rinnovo di 6 mesi dello stage, il mio capo mi chiamò in ufficio e, a causa della crisi economica che colpì soprattutto il settore dell'Editoria, mi disse a malincuore che non poteva più rinnovarmi il contratto. Mi cadde il mondo addosso.
Io che avevo dato sempre il massimo negli studi e nel lavoro, mi ritrovavo di colpo disoccupato. Dovevo ritornare a casa dopo tutti gli sforzi, soprattutto economici, che avevano fatto per me i miei

genitori. Iniziai quindi a cercare lavoro soprattutto su internet e coi siti specializzati.

Trovai una collaborazione con un'azienda della mia zona di Ameno di Materie Plastiche, era gestita familiarmente. Lei, mi ricordo che era una donna istrionica, aveva mille idee e mi disse che aveva intenzione di importare e sviluppare in Italia il business di uno spazzolino biodegradabile che aveva visto in Cina.

Io accettai e con degli spazzolini campione in mano, iniziai ad andare a vendere negozio per negozio ai possibili rivenditori. Mi piaceva l'idea, il rispetto per l'ambiente, ma era un prodotto veramente troppo fragile, ricordo che si spaccava quando lo stringevi forte in mano. Non potevo vendere un prodotto del genere alla gente, per cui mi licenziai dal lavoro.

Fortunatamente, dopo sei mesi, mi richiamò il mio ex capo della società editoriale e mi disse che cercavano una persona per sviluppare il business online dei periodici maschili della azienda. Non credevo alle mie orecchie, era il mio sogno come settore, ho fatto anche una tesi di laurea sull'integrazione tra carta e web nel mondo dei viaggi.

Accettai di buon cuore ed insieme a persone fantastiche, Floria, Claudio, Marco, Junio. e Francesco sviluppai un nuovo sito di auto. Seguirono altri tantissimi progetti con la concessionaria di pubblicità, con i giornalisti, i web editor dei vari siti, con i clienti del settore automotive e non solo.

Un giorno passai davanti ad un'autoscuola, pioveva a dirotto e vidi dei ragazzi con l'ombrello che andavano a fare esercizi di teoria e pensai: "Ma chi glielo fa fare di andare in scuola guida con questo tempo?" Da lì, nacque l'idea di offrire agli studenti un servizio di quiz patenti gratuite online.

Io ero già invasato di SEO, ovvero di posizionamento delle parole chiave nei motori di ricerca, ho letto libri di settore e libri motivazionali, come "La grande trilogia" di OG Mandino, "Padre ricco padre povero" di Robert T.Kiyosaki, "Warrent Buffet e l'interpretazione dei bilanci" di Mary Buffet e David Clark, "4 ore alla settimana. Ricchi e felici lavorando 10 volte meno" di Timothy Ferris.

Dopo anni da dipendente, volevo raggiungere il mio sogno di imprenditoria, poiché mi piace molto l'idea di gestire il mio tempo come ho voglia. Avere tempo a disposizione vuole dire stare di più coi propri cari, con la propria compagna e avere la possibilità di coltivare meglio le proprie passioni.

Mi ricordo, per esempio, che avevo il tempo di portare quasi tutte le mattine la mia bambina, Amelia, al parco vicino a casa, cosa che molti altri papà per questioni di orari di lavoro non possono fare. Fidatevi che vedere la propria bambina che muove i primi passi nel mondo, sull'erba dei prati, è una sensazione impagabile.

Mi sono sempre definito un tipo vulcanico, anche per questo, nel corso degli anni, abbiamo diversificato molto i nostri siti e il nostro business.

Il mio obiettivo è quello di contribuire a far fare ai miei cari e ai miei amici un lavoro appagante, se possibile trasformare una passione in lavoro; secondo me è la chiave di un grande successo di azienda e la strategia per provare a battere alcuni problemi legati all'economia. Dal 2016 lavoriamo insieme a un importante concessionaria pubblicitaria.

A fianco delle auto, abbiamo costruito un network legato ai veicoli commerciali e industriali, un sito dedicato alle auto di lusso e sicuramente non ci mancano le idee per il futuro. Attualmente, lavorano per la società otto persone, con l'obiettivo di aumentare il numero degli occupati per i prossimi anni.

Questo tipo di lavoro mi offre tanto tempo libero, ogni tanto decido di fare una passeggiata, andare a funghi, giocare a ping pong con mio padre o semplicemente andare da solo a fare un aperitivo nel bar del paese.

Certo, non ho mai, dimenticato le mie origini umili, i sacrifici economici che hanno fatto i miei genitori per studiare e farmi crescere, per cui mi arrabbio oltre modo con chi è troppo pessimista, chi pensa solo al proprio orticello, chi non cambia mai opinione o chiede scusa, chi non rispetta i tempi e le regole del mondo del lavoro, che rimane una delle cose più preziose, soprattutto in questo difficile momento.

Capitolo 4:
Storie e Amelia

Nel corso della vita ho avuto tre storie d'amore che reputo importanti: La prima con una ragazza della provincia di Milano che veniva sempre in villeggiatura dalle mie parti, di quattro anni più piccola di me. Tra alti e bassi, la storia durò sei anni, fino all'inizio dell'università.

Stetti poi per una decina di mesi con una mia compagna di classe all'università e poi trovai, al lavoro, la ragazza che mi ha regalato mia figlia Amelia, la persona più importante del mondo.

Sono stato con lei diversi anni, poi per svariati motivi la nostra storia è finita, ma proverò sempre stima e rispetto nei suoi confronti, anche se a volte sembra esattamente l'opposto.

Come me, la mia ex condivide la passione per i viaggi, la natura, il lavoro, il cibo, lo sport, la cultura e credo che sarà un'ottima educatrice per nostra figlia.

Come già detto, non posso non fare riferimento a mia figlia Amelia, che da sempre per me è stata come una musa ispiratrice. Ho deciso di avere questa vita anche per lei, per stare più tempo assieme e condividere più cose possibili.

Ricordo sempre con piacere che la portavo col passeggino al parco di Porta Venezia di Milano, le dedicai anche una casella di posta in cui scrivevo i suoi progressi nel corso dei mesi e le mandavo delle foto che scattavo con lo smartphone.

Il quattro gennaio 2019 pensavo di non farcela con le cure della chemio, meglio dopo descritte, nel dubbio le scrissi una lettera-testamento che riporto interamente qui di seguito.

"Piccolina mia, avrei voluto avere la gioia di vederti crescere, di proteggerti dai colpi della quotidianità, di trasmetterti forza e valori, di condividere con te l'entusiasmo per ogni tua piccola nuova scoperta.

Come spesso si dice però, non è la quantità ma la qualità del tempo a fare la differenza, e i nostri momenti passati assieme, anche se sicuramente troppo pochi, sono la cosa più bella che mi potesse capitare nella mia vita.

Durante il tuo primo anno di vita abbiamo vissuto in simbiosi, il mio lavoro mi permetteva di fare orari flessibili e ogni minuto del mio tempo era dedicato a te.

Ci piaceva andare al parco di Porta Venezia sull'altalena, oppure al Gam (parco dei bambini) dove hai iniziato a muovere i primi passi nell'erba.

Non che a casa non ci divertissimo, anzi, senza accorgercene passavamo le ore a fare costruzioni, disegni e a giocare a nascondino, ah se ti piaceva venirmi a cercare. Mi dicevi "Papà Cucù", per farmi nascondere dietro le porte e come un piccolo trattorino mi venivi a cercare. E quando mi trovavi ridevamo.

E poi il momento della nanna pomeridiana, portavamo con noi i tuoi peluche, ci sdraiavamo, ti abbracciavo e ci addormentavamo.

Sì, ogni tanto mi capitava di dormire il pomeriggio di fianco a te ed era una sensazione unica.

L'autorealizzazione di un papà che seguiva la sua bimba dalla colazione del mattino, ai giochi, dalla pappa al cambio di pannolini e poi la nanna.

Non nascondo che fosse impegnativo, tutte le mie attenzioni erano per te e dovevo lavorare di notte per rimettermi in pari, ma rifarei ogni cosa perché sapevo che quei momenti sarebbero stati irripetibili, ogni giorno con te era una novità e io ero fiero di accompagnarti nei tuoi primi passi nel mondo.

Siamo andati al mare, al lago e con la mamma ti abbiamo portato nello zaino pure a 2000mt ad un rifugio. Mai fermi, come a godere di qualsiasi momento perché la vita è imprevedibile.

Sicuramente sei ancora troppo piccolina per ricordarti di me, una piccola consolazione sono le foto e i video che avrai modo di vedere, ho dato tutte le credenziali a zio Marco del mio telefono. Ho creato anche una mail a tuo nome dove ho raccontato passo

passo i primi 5 mesi dopo la tua nascita. Spero che un giorno avrai la voglia di leggerle, ma se non volessi capirei.

Magari avrai la curiosità di sapere che persona era tuo papà, provo a raccontartelo e a trasmetterti i miei valori.

L'infanzia

Ho passato l'infanzia sulle colline di Ameno, un posto a cui sono rimasto profondamente legato, bastava la vista del Rosa sul lago d'Orta per farmi fare la pace con il mondo. Quando ero piccolo io, non c'erano cellulari, aggeggi elettronici, per cui passavo il mio tempo libero sempre all'aria aperta, a tirare calci ad un pallone o a seguire ruscelli come un esploratore.

Nonna Caterina lavorava vicino a casa e mi portava spesso al suo ufficio. Nonno Renato un po' più distante, lo vedevo la sera e i weekend. Ricordo che lo aspettavo con trepidazione guardando dalla finestra, anche perché mi portava le figurine dell'album Panini.

Ho avuto la fortuna di avere dei genitori fantastici, i migliori che potessi desiderare, mi sono sempre stati vicini in ogni situazione. Hanno sempre fatto dei sacrifici per darmi la possibilità di portarmi al mare, viaggiare, farmi studiare nelle scuole migliori, anche se questo comportava per loro stringere costantemente la cinghia. Nonna era impiegata, nonno operaio, per cui non vivevamo sicuramente negli ori.

A 7 anni poi ho chiesto loro di farmi il regalo più grande della mia vita... un fratellino.

Mio fratello

E il fratellino arrivò. Nonostante la nonna per quei tempi era già avanti di età, nacque lo zio Marco. E col senno di poi, confermo che era il regalo più bello che mi potessero fare, tanto che mi dispiace non aver avuto il tempo di farti un regalo del genere.

Eravamo due opposti, ma ci saremmo buttati nel fuoco l'uno per l'altro. Una persona su cui avere fiducia incondizionata, una spalla su cui piangere e l'altra per condividere le gioie, e insieme ne abbiamo avute parecchie.

L'adolescenza

Se da piccolo ero un pacioccone, dai 13 ai 18 anni devo dire che ho dato del filo da torcere a quei santi dei miei genitori.

Iniziano i periodi dei conflitti, li vedi contro di te e non ti rendi proprio conto che i consigli che ti danno e i divieti che ti pongono sono solamente per il tuo bene.

Passerai anche tu per questa fase, vedo già che a mamma Silvia verranno i capelli bianchi, fin da piccola abbiamo visto subito che sei un osso duro.

Il tuo umore sarà come un'altalena, ti sentirai magari brutta (impossibile perché sei stupenda, ricordalo sempre), piena di difetti e in conflitto con il mondo, magari con qualche paranoia. Io, per esempio, per un periodo mi facevo tutti i giorni foto ai capelli perché convinto che stessi diventando pelato.

E poi le prime cotte, le farfalle nello stomaco, un periodo magico in cui vivi leggero, ti diverti e pensi di essere immortale. Goditela piccola mia, rispetta il tuo corpo e impegnati nello studio, una buona formazione è essenziale per fare strada nella vita.

Ascolta la mamma, anche se ti sembra che sia su un altro pianeta, pure lei è passata in questa fase della vita, ti può capire e dare i giusti consigli.

Dopo ogni delusione, ricorda questa frase a me cara che mi ripeteva sempre nonna Caterina: "Si è chiusa una porta, si apre un portone". Me la ripeteva sempre dopo la fine di una storia, di un'amicizia o dopo un insuccesso a scuola o nel lavoro.

Al momento mi sembrava una frase fatta per farmi stare meglio, ma col passare dei giorni aveva sempre più valore. Era vero, si aprivano delle strade, delle prospettive che nella condizione precedente non vedevo e tutte le volte era come una boccata di ossigeno, nuovi orizzonti da scoprire.

Tornando a me ho frequentato le scuole medie a Orta San Giulio, in una vecchia struttura proprio di fronte al lago. Mi piaceva frequentare quell'ambiente, un po' meno studiare.

Ciò che mi ha permesso di avere una marcia in più, nello studio, nello sport, nel lavoro, era un animo positivamente competitivo.

Mi ha sempre dato fastidio "perdere", fare figuracce, per cui anche se non ne avevo tanta voglia studiavo per essere tra i più bravi.

È una sorta di amor proprio, fare bene le cose alimenta la tua autostima e ti porta a stare meglio con te stesso e con gli altri. Spero di averti trasmesso questo aspetto caratteriale, ti aiuterà a fare bene nella vita e ad impegnarti nelle strade che prenderai.

Nel frattempo ho iniziato a coltivare la mia passione che avevo fin da piccolo, il calcio. Ho giocato dai 13 ai 19 anni nelle squadre del Bolzano Novarese e del San Maurizio.

Ero attaccante, mi piaceva fare gol. Non eravamo una grande squadra ma mi sono divertito tanto. Mi accompagnava nonno Tozzi, non si perdeva una partita e mi dava soddisfazione quando riuscivo a segnare con lui presente.

Spero che faccia anche tu qualche sport, ti fortifica il corpo e lo spirito. Se poi è di squadra tanto meglio, imparerai ad aiutarti l'una con l'altra per raggiungere un obiettivo comune, capirai cosa vuol dire perdere e condividere la gioia delle vittorie.

Nel frattempo, ho frequentato il liceo scientifico a Borgomanero, li ricordo tra gli anni più felici e divertenti della mia vita. Sono uscito con una buona votazione alla maturità, 98/100, e ho conosciuto delle persone che sono diventate tra i miei migliori amici, a distanza di anni le frequento ancora.

Sono entrato ragazzino e sono uscito sicuramente più maturo, anche se la vera maturità credo di averla raggiunta vivendo da solo nel periodo dell'Università.

Università
Finita la scuola superiore avevo mille dubbi, non sapevo proprio che strada prendere. Volevo continuare a studiare, ma dove?

L'ambizione mi portò a provare un test d'ingresso in una delle università più rinomate d'Italia, la Bocconi di Milano. Eravamo tantissimi al giorno delle prove, ragazzi da tutta Italia, e io come altri 900 avevamo puntato al corso Cleacc, Economia per le Arti, la Cultura e la Comunicazione.

C'era posto solo per 320 persone e il tuo papà entrò tra quelli selezionati. Che gioia per me e per i nonni. Ho avuto delle borse di studio, ma la scuola era comunque molto cara, i nonni sono stati fantastici a darmi la possibilità di frequentare e di mantenermi a Milano.

Ho vissuto nelle zone più disparate, prima a Bonola in una casa popolare, poi in via Cadore con 5 coinquiline (un caos vero), poi in piazzale Lodi con mio fratello e altre due coinquiline, infine in piazzale Gorini con zio Marco e una coinquilina, senza dubbio nella casa più bella.

A parte il primo anno, ho cazzeggiato poco durante l'Università, la scuola era impegnativa e avevo un forte senso del dovere nei confronti dei nonni che mi mantenevano, non potevo permettermi di andare fuori corso.

Nel frattempo, ho avuto una storia di 9 mesi con una ragazza del mio corso al primo anno mentre dal secondo anno ho iniziato una lunga relazione con una ragazza che avevo conosciuto al lago, è durata 6 anni tra alti e bassi.

Pensavo fosse la persona giusta per costruire qualcosa, ma col tempo si dimostrò fragile e volubile. Periodicamente aveva dubbi sulla nostra relazione e mi faceva stare male. Poi sembrava capire il valore della storia e tornava indietro. Insomma, un vero tira e molla, che ho avuto la forza di chiudere a 27 anni.

Ho fatto due settimane a stare male e qualche mese prima di riprendermi del tutto, si dice che per metabolizzare la fine di un rapporto ci voglia un tempo proporzionale a quello trascorso insieme. Ma alla fine ringrazio di aver preso questa decisione e, ancora una volta, la nonna aveva ragione, si era chiusa una porta e si stava aprendo un portone di opportunità.

Quando sarai al capolinea di una storia, ricorda che là fuori nel mondo, da qualche parte, c'è la persona giusta che tra poco incontrerai. A me ad attendermi c'era la tua mamma, che a poco sarebbe uscita anche lei da una storia importante per incontrare me.

Ma facciamo un passo indietro, terminai il triennio universitario nei tempi giusti con una votazione di 103/110. Non ho mai rifiutato un voto per finire nei tempi giusti, questo mi portò ad avere una media buona, ma non eccelsa, d'altronde c'erano materie che proprio non riuscivo a farmi piacere (diritto privato, finanza e le lingue).

Era nuovamente tempo di scelte, continuare il Cleacc anche nella specialistica o cambiare? Brancolavo nel buio, ma in cuor mio sapevo che altri due anni di quel corso non mi avrebbero dato alcun valore aggiunto, troppo poco concreto, troppa arte e cultura per i miei gusti, non volevo finire a gestire un museo.

E così scelsi la specialistica in Marketing Management. Si parlava di come intercettare i gusti della gente, di prodotti, di comunicazione.

Dopo le prime due settimane ebbi una crisi esistenziale, non mi piaceva, ero convinto di aver sbagliato tutto nella vita. Io che mi ero sempre lasciato aperto più strade con corsi "generalisti", mi ero andato a specializzare in marketing.

Parlai con un caro amico che era in classe con me e mi disse di tenere duro, che le cose sarebbero migliorate. E in effetti andò così, le lezioni diventarono sempre più dinamiche, tanti lavori di gruppo e testimonianze reali di aziende. Iniziavo a percepire qualcosa di concreto, a pregustare il mondo del lavoro.

Ti potrà capitare di sentirti smarrita, dai tempo al tempo, magari è solo una fase transitoria e hai bisogno di metabolizzare una nuova condizione. Ma se invece col tempo, in cuor tuo, hai capito che la strada che hai preso è quella sbagliata, non avere paura di fare un passo indietro, la vita è unica e va vissuta con gioia e soddisfazione, fai le cose che ti fanno stare bene.

Alla fine del primo anno di specialistica, agli studenti con media più alta, sì aprì una bella opportunità, 3 settimane in estate a frequentare un corso alla UCLA di Los Angeles. La presi al volo: non capita tutti i giorni di vivere un'esperienza del genere e poi avevo un po' il rammarico di non aver fatto Erasmus per motivi economici e amorosi, per cui era un motivo in più per partire.

Mi piacevano i corsi, avevo una bella media, e all'inizio del secondo anno trovai anche uno stage lavorativo, mi avevano selezionato in una grande casa editrice italiana, come junior product manager per seguire giornali di auto e di viaggi.

Ero al settimo cielo, il lavoro mi piaceva molto e ci dedicavo anima e corpo fino a sera tarda. Avevo ancora diversi esami da dare e mi toccava studiare di notte. Dopo sei mesi mi rinnovarono poi lo stage per altri 6 mesi, dovevo tenere duro e finire l'Università.

Il rendimento dei miei voti precipitò, diventava sempre più faticoso lavorare e studiare, andai avanti così per più di un anno a doparmi di caffè la sera per riuscire a studiare dopo una giornata di lavoro, ma alla fine riuscii a laurearmi in tempo, 101/110 con una tesi sul giornale di viaggi che seguivo.

Ero felice, avevo chiuso gli studi, facevo un lavoro che mi piaceva e i miei genitori erano orgogliosi di me. Iniziavo a prendere anche qualche soldino, quando dopo lo stage mi rinnovarono con un contratto a progetto. Ma la crisi economica mondiale era alle porte e avrebbe colpito anche me.

La disoccupazione e la rinascita

Dopo due anni e mezzo nella grande azienda editoriale italiana, mi lasciarono a casa. Il mondo mi crollò addosso, non avevo più possibilità di mantenere un affitto a Milano e quindi tornai ad Ameno a casa dei miei genitori.

Era un fallimento, tutti gli sforzi miei e dei miei genitori andati in fumo in un attimo. E poi ritornare a casa dei propri genitori dopo anni di indipendenza, una bomba destinata a scoppiare, gli equilibri di tutti ormai erano ben diversi.

Era maggio 2009 ricordo, in estate andai in Irlanda 3 settimane a perfezionare l'Inglese e poi di nuovo a casa a mandare CV. Ho fatto in quel periodo colloqui singoli e di gruppo ma niente, di lavoro ce n'era poco e la concorrenza spietata.

Una delusione dietro l'altra, il tempo passava e la situazione a casa era sempre meno gestibile, soprattutto per il mio stato d'animo. Un giorno, un'illuminazione in mezzo al periodo buio che vivevo. Era settembre, ero in auto, pioveva tantissimo e stavo tornando da Borgomanero, quando passai davanti ad una scuola guida.

C'erano dei ragazzi inzuppati fradici che andavano a fare lezione e in quel momento il primo pensiero è stato: ma chi glielo fa fare? Ma non possono fare i quiz da casa? Ne parlai con zio Marco, genietto dell'informatica, e pochi mesi dopo nacque Patentati.it.

Dedicai tutto il mio tempo libero a imparare come autodidatta le tecniche per posizionare gli articoli sui motori di ricerca, coinvolsi nel progetto anche Michele, un mio caro amico appassionato di auto e da lì partì un hobby, una passione, che anni più tardi sarebbe diventata una vera e propria professione, una soddisfazione enorme nella mia vita, un riscatto dalla sfortuna che avevo avuto nel mondo del lavoro.

C'era una frase che mi piaceva "Le idee sono nell'aria, bisogna essere bravi ad intercettarle e a metterle in pratica". E inoltre "Non bisogna per forza fare qualcosa di assolutamente originale, a volte per avere successo basta riprendere un'idea che c'è già e farla meglio".

Non lo so se tu sarai una brava manager o imprenditrice o altro, hai una marcia in più e si vede fin da bambina, cerca la tua strada, se non ti piace cambiala e prova a fare un lavoro che ti dia soddisfazione. Le rotture di scatole ci saranno sempre, ma se fai quello che ti piace metterai un tassello importante per vivere una vita felice e appagata.

Nel frattempo trovai anche un lavoretto part time presso un'azienda di materie plastiche della zona, volevano sviluppare uno spazzolino biodegradabile e io avrei dovuto seguire tutta la fase di ricerche di mercato e sviluppo. I titolari erano dei tipi strani, un po' visionari, mi piacevano, fino a che il boss tornò un giorno dalla Cina con degli spazzolini biodegradabili terribili (si spezzavano in mano), mi portò a pranzo e mi disse: ora sei un commerciale, devi vendere questi spazzolini.

Ho capito subito che la mia avventura sarebbe finita lì, non me la sentivo proprio a livello etico a vendere alla gente quelle schifezze.
Caso vuole che a marzo 2010 il mio vecchio capo dell'azienda editoriale mi chiamò e mi disse che si era aperta una posizione,

solito contratto a tempo senza promettermi nulla, ma almeno c'era un lavoro serio che mi aspettava.

Tornai per un anno a seguire giornali di auto e informatica. Avevo imparato la lezione, sapevo che il lavoro sarebbe stato ancora temporaneo, la sera mi dedicavo a portare avanti il nostro progetto che cresceva sempre di più e poi mandavo curriculum in giro.

E proprio mentre mi diedero nuovamente il ben servito nell'azienda editoriale con un paio di mesi di preavviso, trovai lavoro presso una grande azienda leader nelle telecomunicazioni. Era un contratto temporaneo, sulla carta non mi piaceva neanche molto come attività ma almeno avrei evitato di nuovo l'incubo della disoccupazione.

Ma la vita è proprio uno sliding doors, sarebbe successa una cosa che avrebbe cambiato nuovamente le carte in tavola e mi avrebbe portato a conoscere la tua mamma.

Mancava una settimana alla fine del mio contratto nell'azienda editoriale, dovevo firmare per un'azienda delle telecomunicazioni, quando il mio capo di allora mi portò ad una riunione, la mia attuale società voleva puntare sul digitale e lanciare un sito di auto. E il capo del digitale vide in me la figura giusta per portare avanti quel progetto.

Mi fecero un'interessante proposta economica e garanzie su una futura assunzione a tempo indeterminato. Ero in paradiso, un lavoro che mi piaceva e ben retribuito.

A quei tempi la mia società era un cantiere aperto, arrivò un nuovo responsabile del digitale da una multinazionale di telefonia che portò con sé un po' di persone dalla vecchia azienda, tra cui mamma Silvia.

Io e la mamma

Ci siamo conosciuti in ufficio ad aprile 2011, ci incrociavamo per i corridoi, ma avevamo poco da condividere a livello lavorativo, giusto una riunione mensile in cui iniziammo ad avere stima lavorativa l'uno per l'altra, ma nulla di più.

La mamma a quei tempi era impegnata in una storia con un

ragazzo siciliano, io invece ero appena uscito da una storia di 6 anni e il mio ultimo pensiero era quello di ributtarmi subito in una relazione.

Viaggiai tantissimo in quel periodo coi miei amici, Barcellona, Edimburgo, Mykonos, Cuba, Miami e Bahamas. Esperienze bellissime che avrei custodito sempre con me.

Nell'autunno del 2012, le cose iniziarono a cambiare. Mamma stava chiudendo la relazione precedente e io senza saperlo ero pronto per una nuova storia. Ci iniziammo a messaggiare dopo una riunione e da lì non avremmo più smesso, passavamo le nottate a scriverci messaggi su WhatsApp.

Dopo un mesetto circa ci fu una prima uscita, andò benissimo, non avevo dubbi, era la persona che cercavo e che non avevo mai trovato prima d'ora in vita mia. Capii subito che era una ragazza seria, affidabile, intelligente, con cui ci potevano essere i presupposti per costruire qualcosa di importante.

Ci siamo divertiti con mamma, abbiamo viaggiato tantissimo:

Amsterdam, Thailandia, Giappone, Sardegna, Puglia e New York con te nella pancia.

C'è sempre stato un ottimo rapporto, certo ci sono stati alti e bassi, ma se vuoi bene ad una persona le situazioni si risolvono sempre. Dopo qualche mese, mi sono trasferito a convivere a casa sua, anche se già da tempo erano più i giorni che passavo da lei che quelli in cui stavo a casa mia.

Siamo stati bene e avevamo fin da subito una visione di vita comune, ovvero quella di costruire qualcosa insieme, di fare una famiglia. E in effetti dopo qualche anno la famiglia si è allargata, è arrivato a vivere con noi il gatto Braulio, un trovatello del lago.

Ti piaceva tanto anche a te, quando eri piccolina ti dormiva di fianco e quando si è trasferito al lago dai nonni Tozzi non vedevi l'ora di vederlo "Bau Bau" lo chiamavi (volevi tirargli la coda).

Ma il nostro concetto di famiglia non si limitava al gatto ovviamente e a luglio 2017 arrivasti tu, la gioia più grande della nostra vita. Fu un parto molto lungo, quasi 32 ore dalla prime contrazioni, mamma Silvia è stata tenace e incredibile durante tutte quelle ore.

Alle 8.54 del 12/07 ti vidi per la prima volta e piansi come un bambino, una sensazione indescrivibile, una gioia infinita dopo 9 mesi che ti aspettavamo immaginando come avresti potuto essere. Non c'è emozione più grande di quella della nascita di un figlio e mi auguro che, quando ti sentirai pronta, la possa vivere anche tu... da condividere con un uomo con la testa sulle spalle, mi raccomando.

Finale

Da quel momento in poi hai riempito le nostre vite e io, come uomo, ho raggiunto la mia autorealizzazione. Avevo te e qualche mese prima avevo avuto il coraggio di lasciare un posto fisso per dedicarmi unicamente alla mia attività che era cresciuta, avevamo 9 siti internet e 4 persone che lavoravano con me Michele e Marco.

Ci sono cose nella vita in cui pensi "se non le faccio me ne pentirò per sempre e vivrò con il rimpianto di non averci provato". Ecco, i miei rimpianti sarebbero stati quelli di non aver avuto una bimba e di non aver provato a lavorare in proprio al mio progetto. Per fortuna, con la mia testa tosta ho raggiunto i miei sogni, ho la consapevolezza di aver vissuto appieno una vita degna di essere vissuta.

Ho imparato in tempo che bisogna vivere il presente senza rimandare sempre al domani, perché il futuro purtroppo è incerto e non si sa quello che ci può riservare. Mi piacerebbe che riuscissi anche tu ad apprezzare il tempo presente e a raggiungere i tuoi sogni senza rimandarli a data da destinarsi. Con la tenacia, la volontà e lo spirito di sacrificio nulla è impossibile.

Bisogna affrontare la vita a testa alta, rispettare le persone e pretendere il rispetto, mi raccomando, fatti rispettare e non farti abbattere da chi prova a mandarti giù, sei tosta, sei una Rabozzina ;)

Tuo papà è orgoglioso, riflessivo, tenace, testardo, un po' permaloso, ottimista, affidabile e sincero nei rapporti veri, scettico e un po' distaccato verso le persone che non conosce o con cui ha rapporti superficiali.

Timido, soprattutto da piccolo, ma ho cercato negli anni di lavorare su questo aspetto perché non aiuta nella vita. Poi come ti dicevo, non volevo proprio perdere, neanche per una partita a carte. Lo ammetto, a volte quando il vaso era colmo diventavo un po' irascibile ma dovevano veramente farmi arrabbiare.

Mi piace mangiare bene, lo sport, la musica, studiare le cose che mi interessano, stare coi miei amici veri ma anche ogni tanto in solitudine per riflettere e dedicare del tempo a me stesso.

Del periodo della malattia preferisco non parlarne, voglio solo che tu sappia che tutte le volte che mi sentivo giù guardavo le tue foto e i video per ricaricarmi e combattere con forza. Poi si sa, in queste situazioni ci vuole anche una buona dose di fortuna".

Capitolo 5:
Malattia e rimedi per affrontarla

Pensavo di essere con mia figlia tra le persone più felici del mondo, ma non prevedevo le dure prove che mi riservava ancora il destino.

Era verso la fine di agosto 2018, avevo 35 anni, un pomeriggio andai a fare una solita passeggiata a funghi tra i boschi della Valtellina, tornai a casa e mi accorsi che sotto il collo mi era uscita una palla.

Speravo fosse la puntura di un insetto, ma nel dubbio prenotai subito un'ecografia al collo vicino a casa a Milano. L'ecografo, vedendo i risultati sospetti, mi disse subito di rivolgermi presso un ematologo professionista, la scelta andò sullo IEO anche perché i dottori erano stati molto bravi in passato con la madre della mia ex compagna.

L'ematologa mi fissò subito una biopsia al collo e mi affidò ad un suo collega per spiegarmi tutto l'iter a cui andavo incontro. Sapevo che non sarebbe stata una passeggiata, ma mai mi sarei aspettato tutto il casino dei mesi successivi.

La biopsia e una successiva TAC confermarono il tumore, un linfoma follicolare, i medici decisero quindi di togliere il nodulo e di rimuovere il tutto con sei cicli di chemio-immunoterapia chiamata R-CHOP. Oltre alle quattro medicine classiche quali ciclofosfamide, adriamicina, vincristina e prednisone, decisero di usare anche un farmaco monoclonale più nuovo chiamato Rituximab, per ridurre il rischio di recidiva del mio linfoma.

Ricordo che mi chiamò prima di tutti un infermiere per inserimento al braccio del PIC. Che cos'è il PIC, vi chiederete? Il PIC è un catetere venoso ad inserzione periferica, utilizzato per iniettare i chemioterapici e per eseguire i costanti esami del sangue richiesti.

Ho trovato anche su internet un copri-pic alla moda, ma non è stato comunque facile convivere con un catetere fisso nel braccio per più di sei mesi.

Prima di iniziare a novembre con la chemioterapia, incontrai il mio medico specialista e gli feci mille domande, volevo giocarmi tutte le carte possibili per portare a casa la pelle e la conoscenza di quello che mi aspettava e degli effetti collaterali non poteva che acculturarmi di più.

Chiesi a lui domande tipo: le ricette e gli esami di cui avevo bisogno; gli effetti collaterali della chemio, la sua opinione sul mantenimento con il Rituximab, il ruolo della vitamina D e come farla per crescere, il suo pensiero su alcune medicine alternative, la dieta e l'attività fisica da seguire prima e durante la chemio.

Iniziai con il primo ciclo di chemio-immunoterapia a inizio di novembre, non ricordo ora se fossero presenti con me i miei o mio fratello, sempre molto attenti nel momento del bisogno, mi ricordo una sala d'attesa con tantissime persone che come me erano lì per la chemio, anche giovani.

Mi chiamarono ed entrai in una stanza, dove era presente già un'altra persona. Un infermiere mi spiegò tutto l'iter, con le dosi di medicine proporzionate al peso corporeo, prese le sacche con il liquido e me le infilò una ad una nel PIC. Dopo la prima chemio capii subito che sarebbe stato più difficile del previsto.

Dopo ogni settimana dall'iniezione, dovevo fare un esame del sangue perché calavano i globuli bianchi, ciò comportava maggior rischio ad infezioni e dovevi stare in isolamento il più possibile per salvare la pelle.

Avevo 35 anni e una bambina piccola che frequentava l'asilo. Sapevo che purtroppo lei sarebbe stata possibile "portatrice" di batteri dalla scuola, per cui decisi di trasferirmi in isolamento sotto casa dei miei, per avere meno contatti possibili. Ho già fatto una sorta di "lockdown", forse è anche per questo motivo che riesco a sopportare abbastanza bene le direttive di isolamento attuali.

Se scendevano troppo i globuli bianchi dovevi farti in pancia (spesso da solo) una puntura di una sostanza chiamata Zarzio, che costava circa 90 euro a siringa.

Lo Zarzio è una bomba, ti alza i globuli bianchi e il sistema immunitario ma spesso ti provoca febbre e dolore alla schiena. Ricordo che il Natale 2018 l'ho passato da solo nell'appartamento sotto la casa dei miei, avevano paura giustamente di contagiami, per cui mi passavano i piatti, indossavano già delle mascherine e poi andavano via.

Ho sempre guardato la medicina e i metodi alternativi, se volevo vincere la battaglia col tumore sapevo che tutto sarebbe servito: chemio, alimentazione, sport, omeopatia, medicine ed erbe alternative.

Ricordo che un giorno andai a Bologna dal Dottor Giuseppe Di Bella, mi aveva incuriosito molto la sua storia nel passato per la cura dei tumori. Presi spunto dalle sue idee e comprai dei farmaci naturali presso una farmacia di Bologna da lui accredita: Retinoidi, vitamina C, vitamina D e melatonina.

Comprai inoltre una pianta di Aloe Arborescens, pianta medica miracolosa per i tumori secondo l'esperienza di Padre Zago, e feci un frullato con le sue foglie, secondo le prescrizioni suggerite dal padre: Aloe, un po' di miele e un po' di grappa.

L'Aloe Arborescens è infatti, secondo me, una pianta miracolosa che resiste alle peggiori intemperie. Molto conosciuta in cosmesi e per la cura di scottature, ho piacevolmente scoperto che Padre Zago la utilizza per curare i tumori presso le popolazioni più disagiate e senza grandi disponibilità economiche

Ero molto attento all'alimentazione, cercavo di mangiare prodotti biologici il più possibile e facevo dell'attività fisica quando me la sentivo. Un altro suggerimento importante, per chi purtroppo deve sottoporsi a chemio, è quello di stare più a digiuno possibile prima dell'iniezione, è dimostrato che il digiuno riduce gli effetti collaterali e migliora l'efficacia della chemio.

Mi ha sempre interessato la rivoluzionaria Dieta Mima Digiuno di Valter Longo, importantissimo scienziato italiano, in prima linea nelle cure alternative dei tumori del mondo. Ricordo che comprai anche un suo libro, molto interessante.

Un consiglio per affrontare al meglio la cura, siate fiduciosi, curiosi e non chiusi di testa, usate tutte le armi che avete a disposizione, ok seguire il parere dei medici ma magari alcune cose non le conoscono e la pelle è vostra.

Un giorno, i medici mi dissero che c'era una macchia al fegato evidenziata da una pet che avevo fatto. Si pensava ad una metastasi al fegato, mi cadde il mondo addosso ma mi chiesi: "Come fa un tumore a spostarsi dal collo fino al fegato in così poco tempo?". Chiamai subito lo zio di un mio amico, un grande dottore e professore di fama mondiale e chiesi subito un suo parere.

Ricordo che mi tranquillizzò, secondo lui non era una metastasi ma una macchia al fegato e così venne fuori dalla biopsia che mi suggerì di fare.

A ogni ciclo di chemio, avevo degli effetti collaterali devastanti, ricordo una febbre a 40 per giorni e una broncopolmonite con tanto di punture per guarire prima. Persi come previsto tutti i capelli, utilizzavo un cappellino per andare in giro.

Per fortuna, dopo soli tre cicli di chemio, il linfoma sparì e riuscii ad evitare coi dottori di dover fare ancora tre cicli di terapia che mi davano grossi effetti collaterali.

Ringrazio i dottori dello IEO per la competenza e la professionalità, non è da tutti i giorni trovare un rompiscatole come me. Ora fortunatamente sto bene, sto ultimando una cura di cortisone che non mi permette di guidare, mi genera insonnia, sudore notturno e fame chimica (sono ingrassato di 15 kg), sto facendo anche esami e visite di controllo, però rispetto alle chemio sono una passeggiata.

Capitolo 6:
Libertà finanziaria e Digital Marketing

Libertà finanziaria è una parola che viene utilizzate spesso, soprattutto nei libri motivazionali e nelle comunicazioni sui social network. Ma cosa si intende con libertà finanziaria? Per me è sinonimo di tempo libero, possibilità di stare più tempo con i propri cari e di avere più tempo per sé e per i propri interessi, senza essere troppo vincolati da orari stringenti di lavoro.

Penso che già il mio lavoro imprenditoriale sia sinonimo di libertà finanziaria. Questo infatti mi offre la possibilità di lavorare quando voglio e di dedicarmi alle mie passioni senza avere il fiato sul collo di dover giustificare uno stipendio fisso mensile, come avveniva in passato.

Il fatto di creare qualcosa di tuo, poi ti dà una marcia in più per lavorare meglio. Certo, mi piace staccare un po', soprattutto durante i weekend ma trovo piacere anche durante la settimana di lavoro.

Noi abbiamo fondato una Media Company, specializzata nel mondo dei motori, con ormai dieci siti di proprietà e sette persone che lavorano in totale per l'azienda.

Il nostro core business è l'advertising, che gestiamo in partnership con una importante concessionaria italiana dal 2016.
Abbiamo molte idee per il futuro, in particolare dei progetti in collaborazione con grandi player di lead generation e l'ambizione di creare un network di autoscuole digitalizzato e orientato a proporre una guida in sicurezza (non guida sicura) tra i neopatentati.

Credo che ce la faremo per tutte le cose, le motivazioni etiche ed economiche di certo non ci mancano. La società è stata fondata da me, da mio fratello e da un mio amico.

Non sempre abbiamo avuto una visione univoca delle cose, soprattutto per gli investimenti, e questo mi ha portato di recente a trovare anche fonti di guadagno alternative. Oltre alle classiche azioni e agli investimenti in criptovalute, mi sono orientato verso il crowdfunding con alcune Start Up innovative ad alto potenziale di crescita italiane.

Ho comprato quote in quattro differenti società: una specializzata nel pet food biologico, una nelle consulenze di esperti online, un social media della musica e un e-commerce di oggetti vintage.

Prima di fare un investimento ho sentito i CEO delle diverse società, ho chiesto loro il business model e le strategie di crescita ed espansione sul mercato. Ho dato anche loro la mia disponibilità a collaborare e a fornire la mia consulenza in Digital Marketing.

L'obiettivo principale per me non è guadagnare tanto, quanto piuttosto, come dicevo, di poter lavorare nel luogo e coi tempi che voglio. Un'ambizione comune a molti italiani è quella di andare a vivere a Barcellona, in Spagna, ho già posto alcune basi per andare a vivere lì, possibilmente non lontano dal mare.

La vita è più breve e imprevedibile di quanto immaginiamo, come mi hanno insegnato le esperienze passate, per cui consiglio di non procrastinare mai troppo a lungo i propri desideri e le proprie ambizioni ma di rischiare.

Fa più strada una persona che rischia e che sbaglia di una che sta ferma. Dimenticavo, ma non ultima per importanza, la pubblicazione di questo libro.

Come scritto in precedenza, il mio obiettivo primario è quello di trasmettere forza di volontà e positività alle persone. Il consiglio di pubblicare un libro autobiografico mi è stato infatti dato da mia madre che ha vissuto passo dopo passo le vicende della mia vita.

Certo, non mi dispiacerebbe se il libro diventasse un bestseller, ed è questo il motivo principale per cui mi sono rivolto ai servizi di pubblicazione della Bruno Editore.

Ribadisco che non è stato facile lasciare un posto di lavoro fisso, io in passato facevo un lavoro che mi piaceva in una grande casa editrice e ho avuto la possibilità di collaborare con grandi professionisti.

Detto questo, il mio obiettivo primario era quello di poter stare più tempo possibile con mia figlia piccola, di portala tutte le mattine possibili al parco (non andava ancora all'asilo), per cui l'indipendenza lavorativa era necessaria e rifarei questa scelta mille volte.

Ho sempre pensato che il networking sia indispensabile per la propria crescita economica e personale. Io ho infatti studiato e lavorato con successo nel marketing digitale, per cui penso di poter dire la mia su questo settore; però per altre cose, soprattutto investimenti, preferisco collaborare con persone che ne capiscono di più di me.

Come dicevo poi, mi sono affidato alle competenze e alla conoscenza affermata della Bruno Editore per la pubblicazione di questo libro.

Digital Marketing
Credo che la digitalizzazione apra grandi possibilità economiche per diverse persone, certo, non deve mai mancare l'aggiornamento continuo delle proprie competenze e la forza di

volontà di cambiare le cose.

Io ho dedicato tutta la mia vita, sia lavorativa che da studente, al Digital Marketing e mi è sempre piaciuto applicarlo ad un campo concreto come quello lavorativo.

Quando ero studente alla Bocconi andavo pazzo per i lavori di gruppo con progetti commissionati da aziende reali. La mia vocazione è poi proseguita in ambito lavorativo, prima come dipendente e poi come imprenditore.

Credo molto nel Digital Marketing perché è smart per definizione, meno burocrazia ma più cose pratiche, e inoltre consente un processo di scalabilità e internazionalizzazione del proprio business senza eguali.

Per Digital Marketing intendo promozione online e su altri media, quali social network, dei propri prodotti, e-commerce, product management e brand reputation, SEO (posizionamento delle parole chiave sui motori di ricerca), SEM e lead generation.
Il Digital Marketing è applicabile in tutti i settori, dall'automotive

sino al farmaceutico, è come dicevo è una bella opportunità per incrementare il proprio business.

Io in particolare ho sviluppato, anche come autodidatta, competenze nel posizionamento delle giuste parole chiave nei motori di ricerca, un requisito indispensabile per chi vuole lavorare nell'editoria online e per chi vuole raggiungere un buon numero di appassionati e di utenti.

Oltre al mio lavoro, che seguo con grande passione, mi piace dare la mia consulenza per la crescita di altri business.
Come anticipavo, nel mio lavoro siamo specializzati nell'informazione online dedicata alle auto generaliste, alle auto premium, ai veicoli commerciali e industriali.

Il primo sito che abbiamo fondato consente ai ragazzi di esercitarsi gratuitamente online con i quiz della patente. Il sito è stato poi integrato con una parte editoriale dedicata alle auto con presentazioni di prodotto, listini, test drive e rielaborazione dei comunicati stampa dei clienti.

Abbiamo poi sviluppato, nel 2016, un network dedicato ai veicoli commerciali e industriali, un piccolo gioiello, siamo infatti tra i leader in Italia nell'informazione online dedicata a questa tipologia di veicoli.

Recentemente, abbiamo lanciato anche un sito più di nicchia dedicato al lifestyle e alle auto premium. Non fa grandi numeri, ma come posizionamento e target incontra i gusti di molte case automobilistiche.

E-commerce e Lead Generation

Tra le leve più interessanti del Digital Marketing vi sono l'e-commerce e la lead generation. Con il termine e-commerce intendiamo banalmente le vendite online, che purtroppo il periodo di Covid 19 ha fatto accelerare.

Come dicevo prima, si può vendere quasi qualsiasi prodotto online e fare la differenza oltre che sui prezzi, anche sulle componenti di servizio e consegna, sempre più importanti.

Ricordo, per esempio, che recentemente un mio amico artigiano e specializzato in funghi, mi ha mandato un link di un e-commerce per comprare i suoi prodotti.

Io ero disposto a pagare anche un sovrapprezzo per i suoi prodotti, mi sono però fermato nell'acquisto quando ho visto i costi extra di spedizione pari a sette euro per ogni artigiano.

La gente è ormai abituata a pagare poco e comprare bene anche online, per cui è bene valutare ogni aspetto della filiera perché non basta la qualità di un prodotto.

Amazon ha sicuramente rivoluzionato il mondo degli acquisti online ma io sono anche fan del servizio di Esselunga a casa, dove puoi comodamente fare una lista della spesa da casa, con consegna dei prodotti a domicilio solitamente in 24/48 ore.

L'e-commerce sta rivoluzionando non solo il mondo dei prodotti ma anche dei servizi, per questo ho investito molto in una Start Up italiana che propone consulenze di professionisti online.
Oltre a delle quote societarie, ho inserito anche la mia scheda come esperto di consulenze in Digital Marketing, non posso che trarne vantaggio. Altre due Start Up specializzate in e-commerce

in cui ho investito trattano di pet food biologico, soprattutto per cani, e di prodotti vintage per l'arredamento delle case.

Ovviamente, prima di investire, ho conosciuto i loro CEO e mi sono informato sulle prospettive di crescita e ho dato loro la mia disponibilità a collaborare nella crescita del business.

Un altro strumento, che utilizziamo spesso anche in campo editoriale, è la lead generation, vale a dire la promozione di prodotti non di tua proprietà ma che possono comunque interessare al tuo target.

Noi siamo su automobilisti e su neopatentati, per cui si prestano molto le attività di lead generation sulle offerte delle auto nuove, sulle auto usate o a km zero, finanziamenti, assicurazioni auto e moto, noleggio a lungo termine e servizi correlati alla mobilità.

Il meccanismo è molto semplice, si definisce col partner una percentuale sui lead (solitamente i preventivi e si parla di pay per lead) o sul venduto dei singoli prodotti (in questo caso si parla di pay per sale).

Secondo me, c'è una grande potenzialità per molti individui di trasformare le proprie passioni in lavoro. Vedo infatti sui social, soprattutto su Instagram, che ci sono molte persone brave nella cucina, nel wine, nel cibo e nelle specialità regionali, appassionate di viaggi, musica, libri e di cultura, per cui l'e-commerce o la lead generation potrebbero essere una buona strada da percorrere per promuovere i prodotti e le proprie idee.

Noi, essendo editori, non vendiamo nulla ma utilizziamo molto la lead generation. Come dicevo, il mio sogno nel cassetto è creare un network digitalizzato di autoscuole e promuovere la guida in sicurezza tra i neopatentati (no guida sicura).

Il tema della sicurezza è molto sentito da tutti e molti sono concordi che l'attuale modello di esami patente non dia ai ragazzi gli strumenti e le conoscenze più appropriate per guidare in sicurezza sulle strade.

È un progetto ambizioso, ma con le nostre capacità di marketing di comunicare con tanti neopatentati e con la collaborazione di un istruttore di guida in sicurezza, legato anche all'associazione

"Vittime della strada", penso che lo manderemo in porto a partire dal 2021.

Attualmente abbiamo, con la nostra azienda, relazioni di lead generation legate alle auto nuove e al finanziamento, ma nel corso del prossimo anno abbiamo intenzione di ampliare e molto le collaborazioni.

Non è facile fare impresa in Italia, molta gente è ancora legata all'idea di posto fisso/sicuro, purtroppo non c'è niente di sicuro ai giorni nostri, soprattutto in ambito lavorativo. Le nuove tecnologie offrono veramente tante opportunità di aumentare il business e migliorare il proprio tenore di vita, per cui esorto le persone a provarci e a non fossilizzarsi troppo su alcune posizioni.

SEO e posizionamento sui motori di ricerca

L'altro grande filone del Digital Marketing è il posizionamento delle parole chiave ricercate dagli utenti sui motori di ricerca. Un bel posizionamento e riuscire con alcune parole chiave ad andare nella prima pagina dei motori di ricerca è sicuramente un bel biglietto da visita per professionisti, agenzie o imprenditori del web, oltre ad essere un grande passo avanti per promuovere i propri prodotti o servizi.

Ogni giorno, ci sono oltre tre miliardi di interrogazioni su Google e circa il 70 % dei click vengono effettuati sui siti posizionati sulla prima pagina e quasi il 70 % dei click vengono calamitati dai top cinque, mentre i risultati dalla sesta alla decima posizione raccolgono poco più del 3%.

Temi come la keyword density, il link building e il bounce rate, sono solo alcuni dei fattori che determinano il posizionamento di una parola chiave sui motori di ricerca.

Noi, con il nostro primo sito sviluppato, siamo tra le prime posizioni con la keyword "quiz patente" e questo ci garantisce ogni mese di arrivare a tanti futuri neopatentati.

Altra competizione sfrenata è sui nomi dei vari modelli di auto, molto interessanti anche per fare business di lead generation e di e-commerce, oltre che per fare comunicazione alle case auto produttrici.

Noi, come dicevo, abbiamo la fortuna di lavorare con un'importante concessionaria di pubblicità e questo ci garantisce una continuità del business dal punto di vista commerciale

La Concessionaria di pubblicità è specializzata nella vendita di banner e di progetti speciali. Ricordo con piacere un progetto che abbiamo fatto al Motor Show di Maggiora con un'importante casa di auto e una di pneumatici.

I miei soci poi, competenti e appassionati di auto, sono invitati dalle case costruttrici per anteprime di prodotto. Anche i saloni internazionali dell'auto (Ginevra, Parigi, Francoforte) sono una bella vetrina ed un modo per stringere relazioni con le case automobilistiche, ma nel 2020, purtroppo, causa Covid 19, sono stati annullati.

Le case poi lasciano per circa due settimane le auto del parco stampa in prova ai vari redattori che devono scrivere delle novità del prodotto e delle proprie impressioni di guida, per cui è anche un bel lavorare.

Come anticipavo, noi abbiamo lavorato molto sulla differenziazione dei prodotti, e siamo tra i leader di mercato nell'informazione online legata ai veicoli commerciali e industriali.

Non sono ampi come il mercato dell'auto ma sono comunque mercati che valgono circa 150.000 unità vendute sui veicoli commerciali e circa 40.000 sui veicoli industriali (dati Unrae 2019)

L'ultimo sito che abbiamo sviluppato, come anticipavo, riguarda le auto premium, quindi di un lusso, ma accessibile. Grande risalto viene dato alla componente lifestyle e a tutto ciò che sta dietro al mondo delle auto. Storie, racconti, designer, accessori e luoghi di culto dell'automobile.

È un sito che per sua natura non fa i numeri di un portale di auto generalista, però ha il suo bel e definito target di riferimento.
Non è detto che sia meglio un sito che faccia grandi numeri

quanto piuttosto che sia affine e interessante per le persone che lo navigano.

Grande spazio va alla componente video e fotografica, quando devi vendere o sponsorizzare un prodotto, queste sono competenze essenziali. C'è spesso il problema dei costi di magazzino, ma come dicevo prima, con la lead generation, si riescono praticamente ad azzerare anche questi costi.

Abbiamo anche esplorato la via dell'internazionalizzazione, soprattutto lato auto, ma al momento ci siamo dedicati maggiormente al mercato italiano.

Oltre all' automotive, ci siamo buttati anche in progetti collaterali, quali scuola e nautica, ma non abbiamo ottenuto grandi risultati. Molto importanti sono poi i social network, per comunicare con il proprio pubblico.

Attualmente vanno molto tra i giovani Tik Tok e Instagram, mentre Facebook sembra coprire una fascia più alta di età della popolazione mentre Linkedin è maggiormente legato ai professionisti. Twitter invece sembra avere perso parte del suo appeal.

Vanno molto le applicazioni in diversi settori quali Spotify per la musica, Babbel per imparare una lingua straniera, WhatsApp per la messaggistica, senza contare quelle che consentono di guardare dei film e delle serie tipo Skygo.

Sicuramente abbiamo l'ambizione di migliorare ancora come azienda, sapendo che gli imprenditori devono essere sempre più "maniacali" nella soddisfazione dei bisogni dei propri clienti.
Non siamo inoltre indifferenti a temi etici quali la sicurezza dei neopatentati, di cui ho precedentemente accennato, la salute e la tutela dell'ambiente. Abbiamo la possibilità, con vari mezzi, di parlare a diverse persone, per cui tocchiamo a volte tematiche che in apparenza hanno poco a che vedere con il settore automotive.

Siamo ormai un Media Company a tutti gli effetti e facciamo della qualità e della ricerca dell'eccellenza i nostri punti di forza. Per il futuro, come già accennato, ci aspettano probabilmente diverse collaborazioni, crediamo infatti nelle sinergie e nelle competenze delle persone.

Altro obiettivo è quello di attirare talenti che possano lavorare con noi, per questo siamo sempre attenti alle proposte che ci vengono dal mercato del lavoro. Il settore del digitale, come ho già accennato, per fortuna ha subito meno contrazioni di altri settori e una cultura allo smartworking era già incentivata in precedenza alle ondate di Covid 19.

Questo fa ben sperare per i progetti e le attività previste per il futuro, senza dimenticare che bello che sia è pur sempre un lavoro e come tale va rispettato nei progetti e nelle consegne.

Leadership e lavoro etico
Un tema che mi è stato sempre caro è quello della leadership. Io molto spesso mi sono sentito un leader nella mia organizzazione, ma non sempre sono stato capace di comportarmi come un imprenditore etico, in grado di comunicare le giuste cose alla gente.

Ci vuole veramente un attimo dal passare come leader a

"saputello", per cui è giusto adottare delle corrette azioni e una giusta comunicazione per perseguire il bene comune dell'azienda.

Ho sempre cercato di migliorarmi in questo aspetto ed è per questo che leggo spesso gli ebook e sento i podcast di un'agenzia di comunicazione particolarmente orientata al tema della leadership.

In un ebook che ho letto di recente, si parlava appunto di imprenditore etico, capace quindi di guidare l'altra gente dell'organizzazione verso un bene comune e sono molto d'accordo nella definizione di leader come un collante utile all'unione di persone diverse fra loro, un orientamento dell'energia individuale da trasformare in forza lavoro collettiva.

Andando avanti nella lettura, si definiva come leader la persona che ha un più elevato livello di influenza sugli altri, una persona animata da forti convinzioni in grado di scuotere e animare gli altri per mettersi al servizio del gruppo e rispecchiarsi in lui.

Si fa presto a dirsi, più difficile a farsi, soprattutto con persone che ragionano molto diversamente da te. Io mi sento un leader dell'azienda perché gran parte delle idee di diversificazione del business sono venute da me, mi sono occupato personalmente di portare alcune persone sul progetto e di far lavorare i miei collaboratori nelle migliori condizioni, sia economiche che professionali.

Non credo di essere stato capito da tutti, probabilmente hanno inciso i miei modi troppo schietti che possono avere urato la sensibilità delle persone. Io mi sono sempre mosso per il bene comune, ma non sempre sono stato impeccabile nella comunicazione.

L'autore del libro sostiene che parlare di bene comune significa concretezza e necessità. Il leader etico comprende questo concetto lo mette in pratica nelle proprie scelte comportamentali, stimolando anche gli altri nel fare altrettanto per il proprio bene e quello altrui.

Purtroppo, le aziende e la società stessa nel suo insieme si è abituata a comportamenti più da "prenditori" che da imprenditori: sottrazione di beni, di risorse e di opportunità.

In questo contesto, viene alla luce un'importanza di una corretta comunicazione. Una comunicazione che diventa azione ricalcando appieno la sua origine etimologica "cummunis agere", agire con l'altro ricercando una linea che non è sempre accordo ma comunque certamente confronto aperto rivolto alla generazione di un bene condiviso, che crea anziché distruggere.

Un esempio riportato di corretta comunicazione imprenditoriale è quello di Papa Francesco. Lui utilizza sempre un lessico, il volgare, per essere autenticamente vicino ai propri compagni. Un linguaggio che viene dal cuore anziché dalla fredda razionalità e analiticità. È autenticamente umano. Rappresenta un esempio concreto agli antipodi del modello stereotipato e distaccato proposto da una parte della ricca letteratura specialistica attuale relativa alla leadership.

Un modello manageriale tendenzialmente meccanicistico di perfezione gestionale, che vorrebbe trasfigurarsi grazie al velo "magico" dell'empatia.

Spesso infatti, nei manuali di leadership si sottolinea che il manager deve avere una comunicazione empatica, ma allo stesso tempo si indica la necessità di un comportamento puramente razionale, orientato al compito e al risultato.

ll modello di leadership etica propone la condivisione della propria vulnerabilità che consente realmente la piena sintonia con gli altri (fonte: Leadership: credibilità e fiducia per condurre le aziende, OGF Advertising).

Partnership no profit

Collaborazioni di cui vado veramente fiero sono con associazioni no profit. Capisco che la donazione e il fare del bene sono un tema molto personale, ma un po' per deviazione professionale (io opero nel mondo della comunicazione), mi piace far riferimento alle associazioni con cui collaboro io e la nostra azienda.

Attualmente, siamo in partnership con l'associazione APS il Sorriso di Roma, "specializzata" nel regalare sorrisi a bambini ed anziani più bisognosi e con SOS Villaggio dei Bambini, per adozioni a distanza di giovani meno fortunati.

Come dice giustamente il presidente di APS il Sorriso "Fai del bene, ti tornerà del bene", parole vere.

Conclusione

Con il mio esempio spero di avere dato spunti utili alla gente per perseguire la libertà finanziaria e, per i meno fortunati, di combattere al meglio contro una brutta malattia quale è un tumore.

Questo vale soprattutto per i più giovani che, spesso, hanno le forze e le possibilità per perseguire una propria strada.

Come anticipato, il lavoro rappresenta una parte fondamentale della propria vita, sia in termini di tempo che di impegno. Trovare qualcosa che ti piaccia può fare veramente la differenza nel tuo modo di vivere.

Io, per esempio, apprezzo più le giornate dal lunedì al venerdì, perché sono più dinamiche, rispetto al weekend.Certo, non mi dispiace rilassarmi un po', dedicarmi allo sport e alle mie passioni il sabato e la domenica, però non mi pesa neanche la settimana lavorativa.

Tenere sempre a mente che la vita è imprevedibile, anche se a volte ti senti bene e quasi invincibile. Tutti ci auguriamo di stare bene e vivere il più a lungo possibile, però, come ho riportato nel mio caso, puoi essere vittima di una brutta malattia in qualsiasi momento.

Questo mi ha portato a pensare "Vivi la tua vita come se fosse l'ultimo giorno", non rimandare sempre a domani i tuoi obiettivi e le tue azioni perché la vita è unica.

Inoltre, uno dei momenti più duri è stato quello, come per tanti altri, della pandemia di Covid 19 nel mondo e i successivi decreti per contrastarlo.

Non sono d'accordo con le misure adottate, secondo me si rischia di dare un colpo forte all'economia al futuro dei nostri figli, alla sanità e alla socialità. Ci tengo tuttavia a precisare che non sono un negazionista, bensì penso che non debbano andare di mezzo tutti ma chi non rispetta le regole.

In genere non ho mai mezze misure per la mia schiettezza, o sono amato o non sto simpatico alla gente, fortunatamente una minoranza. Spero anche con questo libro autodidatta di portare un po' di ottimismo in una situazione difficile come quella della pandemia.

Tante aziende sono fallite e tante persone sono in difficoltà causa le ondate di Covid 19.Il settore del digitale, in generale, non ha subito delle grosse contrazioni, anzi è probabile che siano cambiati alcuni usi e costumi della gente e si sia un po' ridotta la "diffidenza" verso la digitalizzazione.

Sporcarsi le mani, avere un atteggiamento più positivo, aggiornarsi sempre con gli studi e le competenze, lasciare le scuole aperte, penso che siano una buona strada per ridarci vigore e aiutare il pianeta in generale.

Per chi mi volesse contattare e approfondire le tematiche di business o per chi cercasse qualche consiglio di salute, il mio riferimento Linkedin è:

https://www.linkedin.com/in/dariorabozzi/

Ringraziamenti

Ci tengo a ringraziare per questo libro, mia madre che mi ha dato l'idea e mia figlia Amelia, da sempre mia musa ispiratrice.